Der Fürst

Niccolò Machiavelli

1532 (1. Veröffentlichung)

Widmung

NICOLAS MACHIAVELLI

AU

WUNDERSCHÖN LAURENT

SOHN VON PIERRE DE MÉDICIS

Diejenigen, die sich um die Gunst eines Prinzen bemühen, pflegen ihm bei der Begrüßung einige der Dinge anzubieten, die sie unter den Dingen, die sie besitzen, am meisten schätzen oder an denen sie sehen, dass er sich mehr erfreut. So werden ihm oft Pferde, Waffen, goldene Tücher, Edelsteine und ähnliche Dinge angeboten, die seiner Größe würdig sind.

In dem Wunsch, mich Eurer Magnifizenz mit einem Zeugnis meiner Hingabe vorzustellen, habe ich in allem, was mir gehört, nichts gefunden, was mir lieber und wertvoller ist, als die Kenntnis der Handlungen von Männern, die in Machtpositionen aufgestiegen sind, die ich mir angeeignet habe, entweder durch eine lange Erfahrung in den Angelegenheiten der modernen Zeit oder durch ein eifriges Studium der Angelegenheiten der alten Zeit, die ich lange in meinen Gedanken gewälzt und sehr aufmerksam geprüft habe, und die ich schließlich in einem kleinen Band niedergeschrieben habe, den ich heute an Eure Magnifizenz zu richten wage.

Obwohl ich dieses Werk für unwürdig halte, vor Ihnen zu erscheinen, bin ich zuversichtlich, dass Ihre Nachsicht es genehmigen wird, wenn Sie bedenken, dass das größte Geschenk, das ich Ihnen machen konnte, darin bestand, Ihnen die Möglichkeit zu geben, in kürzester Zeit das zu erfahren, was ich erst nach vielen Jahren und unter großen Mühen und Gefahren gelernt habe.

Ich wollte, dass mein Buch seinen ganzen Glanz aus seinem eigenen Grund schöpft und dass die Vielfalt des Stoffes und die Bedeutung des Themas seine einzige Zierde sind.

Ich bitte darum, dass man mich nicht der Anmaßung bezichtigt, wenn ich es als Privatmann und sogar von niederem Rang gewagt habe, über die Regierung der Fürsten zu sprechen und Regeln dafür aufzustellen. So wie diejenigen, die eine Landschaft zeichnen wollen, in die Ebene hinabsteigen, um die Struktur und das Aussehen von Bergen und höheren Orten zu erhalten, und dagegen auf die Höhe steigen, wenn sie die Ebenen malen sollen, so muss man, um die Natur der Völker zu kennen, ein Fürst sein; und um auch die Fürsten zu kennen, muss man ein Volk sein.

Ihre Magnifizenz möge also dieses bescheidene Geschenk in demselben Geist annehmen, in dem ich es an sie richte. Wenn sie es mit einiger Aufmerksamkeit betrachtet und liest, wird sie darin überall den äußersten Wunsch sehen, den ich habe, sie zu jener Größe gelangen zu sehen, die ihr das Glück und ihre anderen Eigenschaften versprechen. Und wenn Eure Magnifizenz auf dem Gipfel ihrer Erhabenheit manchmal ihre Blicke auf das senkt, was so weit unter ihr liegt, wird sie sehen, wie wenig ich es verdient habe, das ständige Opfer eines ungerechten und rigorosen Glücks zu sein.

Der Fürst [1]

Kapitel I Wie viele Arten von Fürstentümern es gibt und durch welche Mittel man sie erwerben kann.

Alle Staaten, alle Herrschaften, die die Menschen unter ihrer Herrschaft hielten und noch halten, waren und sind entweder Republiken oder Fürstentümer.

Die Fürstentümer sind entweder erblich oder neu.

Erbliche sind solche, die lange Zeit im Besitz der Familie ihres Prinzen waren.

Die neuen sind entweder ganz, wie Mailand für Francesco Sforza, oder sie sind wie Glieder, die den Erbstaaten des Prinzen, der sie erworben hat, hinzugefügt werden, wie das Königreich Neapel gegenüber dem König von Spanien.

Außerdem waren die auf diese Weise erworbenen Staaten daran gewöhnt, entweder unter einem Fürsten zu leben oder frei zu sein: Der Erwerb erfolgte mit den Waffen anderer oder durch die Waffen des Erwerbers selbst, durch die Gunst des Vermögens oder durch den Aufstieg der Tugend.

KAPITEL II. Erbliche Fürstentümer.

Ich werde hier nicht die Republiken[2] behandeln, da ich an anderer Stelle ausführlich darüber gesprochen habe, sondern mich nur mit den Fürstentümern befassen.

Ich sage also, dass es bei erblichen Staaten, die auf Gehorsam gegenüber der Familie des Fürsten geprägt sind, viel weniger Schwierigkeiten gibt, sie zu erhalten, als bei neuen Staaten: Der Fürst muss nur die von seinen Vorfahren gesetzten Grenzen nicht überschreiten und den Ereignissen Zeit lassen. Selbst wenn er nur mit gewöhnlichen Fähigkeiten begabt ist, wird er sich auf dem Thron halten können, es sei denn, eine unwiderstehliche und unvorhersehbare Kraft stürzt ihn vom Thron; aber selbst wenn er ihn verloren hat, wird der geringste Rückschlag, den der Usurpator erleidet, ihn leicht wieder zurückbringen. Ein Beispiel aus Italien ist der Herzog von Ferrara, der 1484 den Angriffen der Venezianer und 1510 denen von Papst Julius II. widerstand, weil seine Familie schon lange in seinem Herzogtum ansässig war.

Denn ein erblicher Fürst hat viel weniger Gründe und ist viel weniger in der Notwendigkeit, seinen Untertanen zu missfallen; er wird daher von ihnen viel mehr geliebt; und wenn er nicht durch außergewöhnliche Laster verhasst ist, müssen sie ihn natürlich lieben. Außerdem verblasst mit dem Alter und dem langen Fortbestehen einer Macht die Erinnerung an frühere Neuerungen; die Ursachen, die sie hervorgebracht hatten, verschwinden: Es gibt also nicht mehr jene Art von Wartesteinen, die eine Revolution immer hinterlässt, um eine zweite zu unterstützen.

KAPITEL III. Gemischte Fürstentümer.

In einem neuen Fürstentum treffen alle Schwierigkeiten aufeinander.

Zunächst, wenn es nicht völlig neu ist, sondern wie ein Glied zu einem anderen hinzugefügt wird, so dass sie zusammen einen Körper bilden, den man als gemischt bezeichnen kann, so liegt die erste Quelle der Veränderung in einer natürlichen Schwierigkeit, die allen neuen Fürstentümern innewohnt: Dies ist die unvermeidliche Folge einer anderen natürlichen Notwendigkeit, die der neue Fürst gewöhnlich hat, um seine Untertanen durch den Unterhalt seiner Armeen und durch eine Unzahl anderer Lasten, die die neuen Eroberungen mit sich bringen, zu belasten.

Die Lage dieses Fürsten ist so, dass er einerseits alle diejenigen zu Feinden hat, deren Interessen er durch die Eroberung dieses Fürstentums verletzt hat; Andererseits kann er die Freundschaft und Treue derer, die ihm den Zutritt erleichtert haben, nicht bewahren, sei es, dass er sie nicht befriedigen kann, wie sie es sich versprochen hatten, sei es, dass es ihm nicht zusteht, gegen sie jene heroischen Mittel anzuwenden, die er aus Dankbarkeit zu unterlassen gezwungen ist; denn wie mächtig ein Fürst durch seine Heere auch sein mag, um in ein Land zu gelangen, bedarf er immer der Hilfe der Gunst der Einwohner.

Aus diesem Grund hatte Ludwig XII., der König von Frankreich, Mailand in einem Augenblick in seine Gewalt gebracht, verlor es aber ebenso schnell wieder, und zunächst reichten die bloßen Kräfte Lodovico Sforzas aus, um es ihm zu entreißen. Die Einwohner, die ihm die Tore geöffnet hatten, sahen sich nämlich in ihrer Hoffnung getäuscht und um die Vorteile betrogen, die sie erwartet hatten, und konnten den Ekel einer neuen Herrschaft nicht ertragen.

Der Eroberer, der sich auf diese Rebellion beruft, geht bei den Mitteln zur Sicherung seiner Eroberung weniger maßvoll vor, indem er entweder die Schuldigen bestraft, Verdächtige aufspürt oder alle schwachen Teile seiner Staaten stärkt.

Aus diesem Grund genügte ein Herzog Lodovico, der einige Gerüchte an den Grenzen dieser Provinz aufkommen ließ, um Frankreich Mailand ein erstes Mal zu entreißen. Um sie ein zweites Mal zu verlieren, musste sich die ganze Welt gegen sie versammeln, ihre Armeen mussten völlig zerstreut werden und sie mussten aus Italien vertrieben werden, was nur aus den Gründen geschehen konnte, die ich oben beschrieben habe.

Bei der zweiten Vertreibung ist es jedoch angebracht, sich etwas länger damit zu beschäftigen und die Mittel zu untersuchen, die Ludwig XII. anwenden konnte und die jeder andere Prinz in einer solchen Situation anwenden könnte, um sich in seinen neuen Eroberungen etwas besser zu behaupten als der König von Frankreich es getan hat.

Ich sage also, dass die Staaten, die erobert wurden, um mit denen vereint zu werden, die dem Eroberer schon lange gehören, in demselben Land liegen oder nicht liegen wie die letzteren, und dass sie dieselbe Sprache haben oder nicht haben.

Im ersten Fall ist es leicht, sie zu behalten, besonders wenn sie nicht daran gewöhnt sind, in Freiheit zu leben: Um sie sicher zu besitzen, genügt es, das Geschlecht des Fürsten, der der Herrscher war, ausgelöscht zu haben; und wenn man ihnen ansonsten ihre alte Lebensweise lässt, weil die Sitten gleich sind, leben die Untertanen bald ruhig. Auf diese Weise sind die Bretagne, Burgund, Gascogne und die Normandie seit so vielen Jahren mit Frankreich vereint geblieben; und selbst wenn es einige Unterschiede in der Sprache geben sollte, da die Gewohnheiten und Sitten ähnlich sind, können diese vereinigten Staaten leicht miteinander auskommen. Derjenige, der sie in Besitz nimmt, muss nur zwei Dinge beachten, wenn er sie behalten will: Das eine ist, wie ich gerade gesagt habe, das Geschlecht des alten Fürsten auszulöschen; das andere, weder die Gesetze noch die Art der Besteuerung zu ändern.

Im zweiten Fall aber, d. h. wenn die erworbenen Staaten in einem anderen Land liegen als das, mit dem sie vereint werden, wenn sie weder dieselbe Sprache, noch dieselben Sitten, noch dieselben Institutionen haben, dann sind die Schwierigkeiten übermäßig groß, und es bedarf großen Glücks und großer Geschicklichkeit, sie zu erhalten. Eines der besten und wirksamsten Mittel wäre es, wenn der Sieger käme, um dort seinen persönlichen Wohnsitz zu errichten; nichts würde den Besitz sicherer und dauerhafter machen. Das ist auch der Weg, den der Türke in Bezug auf Griechenland eingeschlagen hat, das er trotz aller anderen Maßnahmen sicherlich niemals hätte halten können, wenn er sich nicht dazu entschlossen hätte, zu kommen und es zu bewohnen.

Wenn er im Land wohnt, sieht der neue Fürst die Unruhen, wenn sie entstehen, und kann sie sofort beseitigen. Wenn er nicht im Land ist, kennt er sie erst, wenn sie schon groß sind und er sie nicht mehr abstellen kann.

Außerdem hält seine Anwesenheit seine Offiziere davon ab, die Provinz zu verschlingen, und in jedem Fall ist es eine Genugtuung für die Einwohner, dass sie sozusagen ihre Zuflucht zum Prinzen selbst in der Hand haben. Sie haben auch mehr Grund, ihn entweder zu lieben, wenn sie gute und treue Untertanen sein wollen, oder ihn zu fürchten, wenn sie böse sein wollen. Schließlich wagt es ein Fremder, der den Staat angreifen will, viel weniger leicht, ihn zu entführen, weil der Prinz im Staat wohnt.

Das beste Mittel, das sich danach anbietet, ist die Gründung von Kolonien an einem oder zwei Orten, die wie Schlüssel zum Land sind; andernfalls ist man gezwungen, eine große Zahl von Waffen- und Infanterieleuten zu unterhalten. Die Gründung von Kolonien ist für den Fürsten nicht kostspielig; er kann sie ohne Kosten oder zumindest fast ohne Ausgaben aussenden und unterhalten; er verletzt nur diejenigen, denen er ihre Felder und Häuser wegnimmt, um sie den neuen Bewohnern zu geben. Da die so verletzten Menschen nur einen sehr kleinen Teil der Bevölkerung ausmachen und verstreut und arm bleiben, können sie niemals schädlich werden, während alle, die seine Strenge nicht getroffen hat, allein aus diesem Grund ruhig bleiben und es nicht wagen, sich schlecht zu benehmen, weil sie befürchten, dass auch sie beraubt werden könnten. Mit einem Wort, diese Kolonien, die so billig sind, sind treuer und weniger belastend für die Untertanen; und wie ich bereits sagte, sind diejenigen, die darunter leiden, da sie arm und verstreut sind, unfähig, Schaden zu nehmen. Daraus folgt, dass man, wenn man einen Menschen beleidigt, es so tun muss, dass man seine Rache nicht fürchten muss[3].

Wenn man aber, statt Kolonien auszusenden, sich entschließt, Truppen zu unterhalten, so steigen die Ausgaben dafür ins Unermessliche, und alle Einkünfte des Staates werden zu seiner Erhaltung verbraucht. So wird der Erwerb zu einem echten Verlust, der umso mehr schmerzt, je mehr die Einwohner geschädigt werden; denn sie alle haben, ebenso wie der Staat, sowohl unter den Unterkünften als auch unter den Bewegungen der Truppen zu leiden. Da nun jeder dieser Last ausgesetzt ist, werden alle zu Feinden des Fürsten und zu Feinden, die Schaden anrichten können, da sie in ihren Häusern geschmäht werden. Eine solche Bewachung ist daher auf jeden Fall so nutzlos, wie die Bewachung von Kolonien nützlich wäre.

Aber das ist noch nicht alles. Wenn der eroberte Staat in einem anderen Land liegt als der Erbstaat des Eroberers, darf dieser noch viele andere Aufgaben nicht vernachlässigen: Er muss sich zum Oberhaupt und Beschützer der weniger mächtigen benachbarten Fürsten des Landes machen, auf die Schwächung der stärkeren unter ihnen hinarbeiten und verhindern, dass unter irgendeinem Vorwand ein Fremder, der ebenso mächtig ist wie er, in das Land eingeführt wird; eine Einführung, die sicherlich begünstigt wird; denn dieser Fremde muss unweigerlich von all denen gerufen werden, die aus Ehrgeiz oder Furcht unzufrieden sind. So wurden die Römer von den Ätoliern in Griechenland eingeführt, und in allen anderen Ländern, in die sie eindrangen, wurde ihnen der Eingang von den Einwohnern geöffnet.

Sobald ein mächtiger Fremder ein Land betreten hat, schließen sich ihm alle weniger mächtigen Fürsten an und fördern sein Vorhaben, weil sie Neid auf jene hegen, deren Macht größer war als die ihre. Er hat also keine Mühe, diese weniger mächtigen Fürsten zu gewinnen, die sich alle beeilen, mit dem Staat, den er soeben erobert hat, eine einzige Masse zu bilden. Er muss nur darauf achten, dass sie nicht zu viel Kraft oder Autorität erlangen: Mit ihrer Hilfe und seinen eigenen Mitteln wird er ohne weiteres die mächtigsten unterdrücken und sich zum alleinigen Schiedsrichter des Landes machen. Wenn er es unter diesen Umständen versäumt, sich richtig zu verhalten, wird er die Früchte seiner Eroberung bald wieder verlieren, und solange er sie behält, wird er alle Arten von Schwierigkeiten und

Unannehmlichkeiten erleben.

Die Römer vernachlässigten in den Ländern, über die sie die Herrschaft erlangten, nichts, was es zu tun gab. Sie schickten Kolonien dorthin und schützten die Schwächeren, ohne ihre Macht zu vergrößern; sie erniedrigten die Großen; sie duldeten nicht, dass mächtige Fremde dort auch nur den geringsten Kredit erwarben. Ich möchte dies nur an einem Beispiel verdeutlichen. Man sehe, was sie in Griechenland taten: Sie unterstützten die Achäer und die Etolier, senkten das makedonische Königreich und vertrieben Antiochus aus dem Land; aber so sehr sie sich auch um die Achäer und die Etolier verdient gemacht hatten, sie ließen nicht zu, dass diese beiden Völker ihre Staaten vergrößerten; Philippus konnte sie nicht dazu bringen, seine Freunde zu werden, ohne dass er dabei etwas verlor.

Die Römer handelten in dieser Situation so, wie es sich für weise Fürsten gehört, deren Pflicht es ist, nicht nur an die gegenwärtigen, sondern auch an die zukünftigen Unruhen zu denken, um ihnen mit allen Mitteln, die ihnen die Klugheit aufzeigen kann, zu begegnen. Denn wenn man sie von ferne voraussieht, ist es viel leichter, sie zu beheben; wenn man sie aber hat aufkommen lassen, ist keine Zeit mehr dafür, und das Übel wird unheilbar. So ist es auch mit der Etisie, von der die Ärzte sagen, dass sie im Prinzip eine Krankheit ist, die leicht zu heilen, aber schwer zu erkennen ist, und dass sie, wenn sie sich weiterentwickelt hat, leicht zu erkennen, aber schwer zu heilen ist. Das ist bei allen Staatsgeschäften der Fall: Wenn man das Übel aus der Ferne voraussieht, was nur Männern mit großer Klugheit vergönnt ist, wird es bald geheilt; wenn man es aber aus Mangel an Licht erst dann sieht, wenn es alle Augen trifft, ist die Heilung unmöglich. Die Römer, die alle Unannehmlichkeiten von weitem voraussehen konnten, schafften immer rechtzeitig Abhilfe und ließen sie nicht zu, um einen Krieg zu vermeiden, denn sie wussten, dass man ihn nie vermeiden kann und dass, wenn man ihn aufschiebt, dies zum Vorteil des Feindes ist. So kam es, dass sie, obwohl sie damals davon absehen konnten, ihn Philipp und Antiochus in Griechenland selbst antun wollten, um ihn nicht in Italien gegen sie führen zu müssen. Denn die Zeit treibt alles gleichmäßig vor sich her und bringt Gutes und Böses, Schlechtes und

Gutes mit sich.

Aber kehren wir zu Frankreich zurück und prüfen wir, ob es etwas von dem getan hat, was ich soeben dargelegt habe. Ich werde nur von König Ludwig XII. und nicht von Karl VIII. sprechen, weil der erstere seine Eroberungen in Italien länger behalten hat und man daher seine Vorgehensweise besser kennenlernen konnte. Und man musste sehen, dass er das genaue Gegenteil von dem tat, was nötig ist, um einen Staat zu erhalten, der ganz anders ist als der, dem man ihn hinzufügen will.

König Ludwig XII. wurde durch den Ehrgeiz der Venezianer nach Italien gebracht, die durch seine Ankunft die Hälfte des Herzogtums der Lombardei erwerben wollten. Da er damit beginnen wollte, einen Fuß in Italien zu setzen, wo er keine Freunde besaß und wo ihm durch das Verhalten Karls VIII. sogar alle Türen verschlossen waren, war er gezwungen, die ersten Freundschaften zu schließen, die er finden konnte; und die Partei, die er ergriff, konnte sogar glücklich sein, wenn er bei den übrigen Expeditionen keinen anderen Fehler begangen hätte. Nachdem er die Lombardei erobert hatte, gewann er bald den Ruf zurück, den er durch Karl verloren hatte: Genua unterwarf sich, die Florentiner wurden seine Verbündeten, der Markgraf von Mantua, der Herzog von Ferrara, die Bentivogli, die Dame von Forli, die Herren von Faenza, Pesaro, Rimini, Camerino, Piombino, die Lukaner, die Pisaner, die Sieneser - sie alle liefen seiner Freundschaft entgegen. Die Venezianer mussten erkennen, wie unvorsichtig sie gewesen waren, als sie für zwei Städte in der Lombardei den französischen König zum Herrscher über zwei Drittel Italiens gemacht hatten.

Unter diesen Umständen wäre es für Ludwig XII. zweifellos leicht gewesen, seinen Einfluss in diesem Land aufrechtzuerhalten, wenn er die oben beschriebenen Verhaltensregeln in die Praxis umgesetzt hätte; wenn er seine zahlreichen Freunde geschützt und verteidigt hätte, die, schwach und zitternd, die einen vor der Kirche, die anderen vor den Venezianern, gezwungen waren, ihm treu zu bleiben, und mit deren Hilfe er sich leicht all derer versichern konnte, denen noch eine gewisse Macht verblieben war.

Doch kaum war er in Mailand angekommen, tat er genau das Gegenteil, indem er Papst Alexander VI. half, die Romagna zu erobern. Er verstand nicht, dass er sich selbst schwächte, indem er sich der Freunde beraubte, die sich ihm in die Arme geworfen hatten, und dass er die Kirche vergrößerte, indem er der geistlichen Macht, die ihr bereits so viel Autorität verlieh, eine ebenso beträchtliche weltliche Macht hinzufügte.

Dieser erste Fehler führte zu so vielen anderen, dass der König selbst nach Italien kommen musste, um Alexanders Ehrgeiz einen Riegel vorzuschieben und ihn daran zu hindern, die Toskana zu erobern.

Das war noch nicht alles. Nicht zufrieden damit, die Kirche zu vergrößern und sich seiner Freunde zu berauben, entschloss sich Ludwig, das Königreich Neapel mit dem König von Spanien zu teilen, da er es unbedingt besitzen wollte: Als er einen König auf dem Thron belassen konnte, der sich glücklich schätzte, sein Tribut zu sein, stürzte er ihn vom Thron und setzte einen Prinzen darauf, der in der Lage war, ihn selbst zu vertreiben.

Der Wunsch, etwas zu erwerben, ist zweifellos eine gewöhnliche und natürliche Sache; und wer sich ihm hingibt, wenn er die Mittel dazu hat, wird dafür eher gelobt als getadelt; aber den Plan zu fassen, ohne ihn ausführen zu können, bedeutet, sich Tadel einzuhandeln und einen Fehler zu begehen. Wenn Frankreich also über ausreichende Kräfte verfügte, um das Königreich Neapel anzugreifen, musste es dies tun; wenn es diese nicht hatte, durfte es es nicht teilen.

Wenn die Teilung der Lombardei mit den Venezianern entschuldigt werden konnte, dann weil sie Frankreich die Möglichkeit gab, einen Fuß nach Italien zu setzen; aber die Teilung des Königreichs Neapel, die nicht in gleicher Weise durch die Notwendigkeit bestimmt wurde, bleibt ohne Entschuldigung. So hatte Ludwig XII. in Italien fünf Fehler begangen: Er hatte die Schwachen ruiniert, die Macht eines Mächtigen vergrößert, einen sehr mächtigen ausländischen Prinzen eingeführt, war nicht gekommen, um dort zu bleiben, und hatte keine Kolonien dorthin geschickt.

Die fünf Fehler hätten ihm, solange er lebte, nicht zum Verhängnis werden können, wenn er nicht einen sechsten Fehler begangen hätte, nämlich die Venezianer ihrer Staaten zu berauben. Denn es wäre gut und notwendig gewesen, sie zu schwächen, wenn er nicht die Kirche vergrößert und Spanien nach Italien gerufen hätte; da er aber beides getan hatte, hätte er niemals in ihren Untergang einwilligen dürfen, denn solange sie mächtig geblieben wären, hätten sie die Feinde des Königs daran gehindert, die Lombardei anzugreifen. Zum anderen hätte niemand Frankreich das Land wegnehmen wollen, um es ihnen zu geben, und schließlich wäre es zu gefährlich gewesen, die Franzosen und die Venezianer zusammen anzugreifen.

Wenn man mir sagen würde, Ludwig habe die Romagna dem Papst Alexander überlassen und das Königreich Neapel mit Spanien geteilt, nur um den Krieg zu vermeiden, würde ich antworten, was ich bereits gesagt habe, dass man aus einem solchen Grund niemals eine Unordnung bestehen lassen darf; denn man vermeidet den Krieg nicht, sondern zögert ihn nur zu seinem eigenen Nachteil hinaus.

Wenn man noch das Versprechen des Königs an den Papst anführen würde, diese Provinz für ihn zu erobern, um die Auflösung seiner Ehe und die Kardinalswürde für den Erzbischof von Rouen (später Kardinal d'Amboise genannt) zu erlangen, würde ich mit dem antworten, was im Folgenden über die Versprechen der Prinzen und die Art und Weise, wie sie sie halten sollen, gesagt wird.

Ludwig XII. verlor also die Lombardei, weil er sich nicht an die Regeln gehalten hatte, die alle befolgen, die einen Staat erworben haben und ihn behalten wollen. Das ist kein Wunder, sondern eine ganz einfache und natürliche Sache.Ich befand mich zu der Zeit in Nantes, als der Valentinois (so nannte man damals Cesar Borgia, den Sohn von Papst Alexander VI) die Romagna eroberte: nachdem der Kardinal d'Amboise, mit dem ich mich über dieses Ereignis unterhielt, mir gesagt hatte, dass die Italiener nichts von Kriegsgeschäften verstünden, antwortete ich ihm, dass die Franzosen nichts von Staatsgeschäften verstünden, denn wenn sie etwas davon verstanden hätten, hätten sie die Kirche nicht so stark anwachsen lassen. Die Erfahrung hat nämlich gezeigt, dass die Größe der Kirche und die Größe Spaniens in Italien das Werk Frankreichs und dann der Grund für seinen Untergang in diesem Land waren. Daraus lässt sich auch eine allgemeine Regel ableiten, die selten täuscht, wenn sie überhaupt jemals täuscht: dass ein Fürst, der einen anderen mächtig macht, an seinem eigenen Untergang arbeitet; denn diese Macht wird entweder durch Geschicklichkeit oder durch Stärke hervorgebracht.

KAPITEL IV. Warum sich die von Alexander eroberten Staaten des Darius nach dessen Tod nicht gegen die Nachfolger des Eroberers auflehnten.

Wenn man bedenkt, wie schwierig es ist, einen neu eroberten Staat zu halten, kann man sich darüber wundern, was nach dem Tod Alexanders des Großen geschah. Dieser Prinz hatte in wenigen Jahren ganz Asien unter seine Kontrolle gebracht und starb fast sofort. Dennoch blieben seine Nachfolger im Reich und hatten keine anderen Schwierigkeiten als die, die aus ihrem eigenen Ehrgeiz entstanden.

Oder von einem Fürsten und Baronen, die ihren Rang nicht aus der Gunst des Herrschers, sondern aus dem Alter ihrer Rasse beziehen, die Staaten und Untertanen haben, die ihnen gehören und sie als Herren anerkennen und die eine natürliche Zuneigung zu ihnen haben.

In Fürstentümern, die von einem Fürsten und von Sklaven regiert werden, besitzt der Fürst eine viel größere Autorität, da er allein in seinem gesamten Staatsgebiet als Vorgesetzter anerkannt wird und die Untertanen, wenn sie einem anderen gehorchen, ihn nur als seinen Minister oder Offizier betrachten, zu dem sie keine persönliche Bindung empfinden.

Heute kann man als Beispiel für die eine und die andere Art der Regierung die Türkei und das Königreich Frankreich anführen.

Die ganze Türkei wird von einem einzigen Herrn regiert, dem alle anderen Türken als Sklaven dienen und der, nachdem er sein Reich in mehrere Sangiacs aufgeteilt hat, Gouverneure dorthin schickt, die er nach Lust und Laune abberuft und austauscht.

In Frankreich hingegen befindet sich der König inmitten einer Menge von Herren alter Rasse, die von ihren Untertanen als solche anerkannt und geliebt werden und die Vorrechte genießen, die der König ihnen nicht ohne Gefahr für sich selbst nehmen könnte.

Wenn man über die Natur dieser beiden Regierungsformen nachdenkt, wird man feststellen, dass es schwierig ist, das türkische Reich zu erobern, aber wenn es einmal erobert ist, ist es sehr leicht, es zu behalten.

Die Schwierigkeit, das türkische Reich zu erobern, rührt daher, dass der Eroberer niemals von den Großen dieser Monarchie gerufen werden kann und auch nicht darauf hoffen kann, dass ihm bei seinem Vorhaben die Rebellion einiger derer, die den Monarchen umgeben, hilft. Die Gründe dafür habe ich bereits genannt. Da alle gleichermaßen seine Sklaven sind und alle ihm gleichermaßen ihr Vermögen verdanken, ist es sehr schwierig, sie zu bestechen; und selbst wenn es gelänge, wäre kaum ein Vorteil zu erwarten, weil sie die Völker nicht zu einer Revolte verleiten können. Wer also die Türken angreifen will, muss damit rechnen, dass sie sich gegen ihn versammeln, darf sich wenig Hoffnung machen, durch innere Unruhen begünstigt zu werden, und muss sich auf seine eigenen Kräfte verlassen.

Ist der Monarch aber erst einmal erobert und in einer Schlacht besiegt, so dass er keine neuen Armeen mehr aufstellen kann, so hat man nur noch sein Geschlecht zu fürchten, das, wenn es ausgestorben ist, niemanden mehr zu fürchten hat, weil es niemanden mehr gibt, der noch eine gewisse Macht über das Volk hat.

Ganz anders verhält es sich in regierten Staaten wie Frankreich. Es mag leicht sein, in sie einzudringen, indem man einige der Großen des Reiches gewinnt, und es gibt immer Unzufriedene, die nach Neuem und Veränderungen gieren, und die aus den bereits genannten Gründen tatsächlich die Wege des Reiches öffnen und den Sieg erleichtern können.

Da es ihm nicht möglich ist, sie alle zufrieden zu stellen oder zu vernichten, wird er seine Eroberung wieder verlieren, sobald sich die Gelegenheit dazu bietet.

Wenn wir nun die Natur der Regierung des Darius betrachten, werden wir feststellen, dass sie der Regierung der Türkei ähnelte; daher musste Alexander gegen alle Kräfte des Reiches kämpfen und den Monarchen zuerst auf offenem Feld besiegen; aber nach seinem Sieg und dem Tod des

Darius blieb der Sieger aus den von mir dargelegten Gründen ruhiger Besitzer seiner Eroberung. Und wenn seine Nachfolger vereint geblieben wären, hätten sie es in Ruhe und Lust genießen können; denn im ganzen Reich entstanden nur die Unruhen, die sie selbst verursacht hatten.

Aber was Staaten betrifft, die wie Frankreich regiert werden, so ist es kaum möglich, sich dort so ruhig zu halten. Das beweisen die häufigen Aufstände, die sich in Spanien, Gallien und Griechenland gegen die Römer bildeten. Der Grund für diese Rebellionen waren die zahlreichen Fürstentümer, die es in diesen Ländern gab und deren bloße Erinnerung, solange sie bestand, für die Sieger eine Quelle der Unruhe und Besorgnis war. Erst als die Macht und die Dauer der römischen Herrschaft die Erinnerung an sie ausgelöscht hatte, konnten die Besitzer endlich Ruhe finden.

Es geht sogar noch weiter. Als die Römer später gegeneinander Krieg führten, konnte jede Partei jene alten Fürstentümer für sich gewinnen und besitzen, in denen sie den größten Einfluss hatte und die nach dem Aussterben des Geschlechts ihrer Fürsten keine andere Herrschaft mehr kannten als die Roms.

Wer diese Überlegungen angestellt hat, wird sich nicht mehr darüber wundern, wie leicht es Alexander gelang, sich in Asien zu halten, und wie schwer es anderen, wie Pyrrhus, fiel, ihre Eroberungen zu bewahren. Das lag nicht an der mehr oder weniger großen Geschicklichkeit des Eroberers, sondern an der unterschiedlichen Natur der eroberten Staaten.

KAPITEL V. Wie man Staaten oder Fürstentümer regieren soll, die vor der Eroberung unter ihren eigenen Gesetzen gelebt haben.

Wenn die eroberten Staaten, wie gesagt, daran gewöhnt sind, unter ihren eigenen Gesetzen frei zu leben, kann der Eroberer auf drei Arten vorgehen, um sich dort zu halten: Erstens, indem er sie zerstört; zweitens, indem er selbst dorthin geht und dort wohnt; drittens, indem er ihnen ihre Gesetze lässt, nur Tribut verlangt und eine kleine Regierung einsetzt, die sie in Gehorsam und Treue hält: Das wird eine solche Regierung zweifellos tun, denn sie hat ihre gesamte Existenz vom Eroberer übernommen und weiß, dass sie sie ohne dessen Unterstützung und Schutz nicht aufrechterhalten kann.

Die Spartaner und Römer können uns hier als Beispiel dienen.

Die Spartaner hielten sich in Athen und Theben, indem sie die Macht nur einer kleinen Anzahl von Personen anvertrauten; dennoch verloren sie sie später. Die Römer, um die Herrschaft über Capua, Karthago und Numantia zu behalten, zerstörten sie, verloren sie aber nicht. Sie wollten Griechenland wie die Spartaner nutzen, gaben ihm die Freiheit zurück und ließen ihm seine eigenen Gesetze; aber das gelang ihnen nicht. Um das Land zu erhalten, mussten sie eine große Anzahl von Städten zerstören, was der einzige sichere Weg war, es zu besitzen. Und wer einen Staat erobert hat, der an ein freies Leben gewöhnt ist, und ihn nicht zerstört, muss damit rechnen, dass er zerstört wird. In einem solchen Staat wird die Rebellion durch den Namen der Freiheit und durch die Erinnerung an die alten Institutionen, die weder durch die Länge der Zeit noch durch die Wohltaten eines neuen Herrn jemals aus dem Gedächtnis gelöscht werden können, unaufhörlich angestachelt. Welche Vorsichtsmaßnahmen man auch trifft, was man auch tut, wenn man den Staat nicht auflöst und seine Bewohner nicht zerstreut, so wird man sie doch bei der ersten Gelegenheit ihre Freiheit und ihre verlorenen Einrichtungen wieder in Erinnerung rufen, sich auf sie berufen und sich bemühen, sie wieder zu erlangen. So kam es, dass Pisa nach über hundert Jahren der Sklaverei das Joch der Florentiner zerbrach.

Aber ganz anders verhält es sich mit Ländern, die daran gewöhnt sind, unter einem Fürsten zu leben. Wenn das Geschlecht dieses Fürsten ausgestorben ist, sind die Bewohner, die bereits zum Gehorsam erzogen sind, sich nicht auf einen neuen Herrn einigen können und nicht wissen, wie man in Freiheit lebt, nicht bereit, zu den Waffen zu greifen, so dass der Eroberer sie ohne Schwierigkeiten entweder gewinnen oder sich ihrer versichern kann. In den Republiken dagegen gibt es ein viel aktiveres Lebensprinzip, einen viel tieferen Hass und ein viel heißeres Verlangen nach Rache, die die Erinnerung an die alte Freiheit nicht einen Augenblick ruhen lassen und auch nicht ruhen lassen können.

KAPITEL VI. Von neuen Fürstentümern, die durch Waffen und durch die Geschicklichkeit des Erwerbers erworben werden.

Es ist nicht verwunderlich, wenn ich, wenn ich von ganz neuen Fürstentümern und Staaten spreche, sehr große Beispiele anführe. Die Menschen wandeln fast immer auf bereits ausgetretenen Pfaden; fast immer handeln sie durch Nachahmung; aber es ist ihnen kaum möglich, genau in die Fußstapfen ihres Vorgängers zu treten oder die Tugend desjenigen zu erreichen, den sie nachzuahmen versucht haben. Sie müssen sich daher die größten Persönlichkeiten als Führer und Vorbilder nehmen, damit sie, auch wenn sie nicht denselben Grad an Größe und Ruhm erreichen, zumindest deren Duft nachahmen können. Sie sollten es wie die umsichtigen Bogenschützen machen, die, wenn sie das Ziel für zu weit über die Reichweite ihres Bogens und ihrer Kräfte hinaus halten, noch weiter zielen, damit ihr Pfeil den Punkt erreicht, den sie zu erreichen wünschen.

Ich sage zunächst, dass bei ganz neuen Fürstentümern die Schwierigkeit, sich darin zu halten, von der Geschicklichkeit desjenigen abhängt, der sie erworben hat; daher kann man annehmen, dass die Schwierigkeit gewöhnlich nicht sehr groß sein muss. Es ist anzunehmen, dass derjenige, der sich vom Privatmann zum Fürsten hochgearbeitet hat, ein geschickter oder vom Glück begünstigter Mann ist, wobei ich hinzufügen möchte, dass er sich umso besser behaupten kann, je weniger er dem Glück verdankt. Außerdem ist ein solcher Fürst, der keine anderen Staaten hat, gezwungen, in seinen Erwerb zu kommen und dort zu leben, was die Schwierigkeit noch weiter verringert.

Aber wie dem auch sei, um zuerst von jenen zu sprechen, die durch ihre eigene Tugend und nicht durch Glück zu Fürsten wurden, sind die bemerkenswertesten von ihnen: Moses, Cyrus, Romulus, Theseus und einige andere ähnliche[4].

Und wenn man auch über Mose wenig zu sagen hat, weil er nur ein einfacher Vollstrecker der Befehle Gottes war, so ist er doch immer noch zu bewundern, und sei es nur wegen der Gnade, die ihn würdig machte, mit der Gottheit zu sprechen. Aber wenn man die Taten und das Verhalten entweder von Kyros oder den anderen Eroberern und Gründern von Königreichen betrachtet, wird man sie alle gleichermaßen bewundern und eine große Übereinstimmung zwischen ihnen und Mose finden, obwohl letzterer von einem so großen Meister geführt wurde.

Zunächst werden wir sehen, dass alles, was sie dem Glück verdanken, eine Gelegenheit war, die ihnen einen Stoff lieferte, dem sie die Form geben konnten, die sie für richtig hielten. Ohne diese Gelegenheit wären die großen Qualitäten ihrer Seele nutzlos geblieben, aber ohne diese großen Qualitäten hätte sich die Gelegenheit vergeblich ergeben. Mose musste die Israeliten als Sklaven und Unterdrückte in Ägypten vorfinden, damit sie der Wunsch, aus der Sklaverei auszubrechen, dazu brachte, ihm zu folgen. Damit Romulus zum Gründer und König von Rom werden konnte, musste er gleich nach seiner Geburt aus Alba herausgebracht und zur Schau gestellt werden. Cyrus musste die Perser mit der Herrschaft der Meder unzufrieden machen und die Meder durch die Wonnen eines langen Friedens erweicht und verweichlicht finden. Schließlich hätte Theseus seinen Wert nicht zur Geltung gebracht, wenn die Athener nicht zerstreut gewesen wären. Das Glück dieser großen Männer entsprang also den Gelegenheiten; aber es war ihre Geschicklichkeit, die sie erkannten und zum großen Wohlstand und Ruhm ihres Vaterlandes nutzten. Diejenigen, die wie sie und durch dieselben Mittel zu Fürsten werden, werden ihr Fürstentum nur unter großen Schwierigkeiten erwerben, aber sie werden es leicht aufrechterhalten können.

In dieser Hinsicht werden ihre Schwierigkeiten vor allem von den neuen Institutionen und Formen herrühren, die sie zur Gründung ihrer Regierung und zu ihrer Sicherheit einführen müssen; und man muss bemerken, dass es in der Tat kein schwierigeres Unternehmen gibt, dessen Erfolg ungewisser und gefährlicher ist, als das der Einführung neuer Institutionen. Wer sich darauf einlässt, hat alle diejenigen zu Feinden, die von den alten Einrichtungen profitierten, und findet nur lauwarme

Befürworter in denen, denen die neuen Einrichtungen nützen würden. Diese Lauheit kommt übrigens aus zwei Gründen zustande: erstens aus der Furcht vor ihren Gegnern, die die bestehenden Gesetze zu ihren Gunsten haben; zweitens aus dem allen Menschen gemeinsamen Unglauben, der an die Güte der neuen Dinge erst glauben will, wenn er durch Erfahrung davon überzeugt ist. Daher kommt es auch, dass, wenn die, die Feinde sind, Gelegenheit finden, anzugreifen, sie dies mit der ganzen Wärme des Parteigeistes tun, während die anderen sich mit Kälte verteidigen, so dass es gefährlich ist, mit ihnen zu kämpfen.

Um hier richtig zu argumentieren, müssen wir berücksichtigen, ob Innovatoren aus sich selbst heraus mächtig sind oder ob sie von anderen abhängig sind, d. h. ob sie, um ihr Unternehmen zu führen, auf Gebete angewiesen sind oder ob sie die Mittel haben, Zwang auszuüben.

Im ersten Fall passiert ihnen immer etwas Schlimmes, und sie können nichts ausrichten; im zweiten Fall aber, wenn sie nur auf sich selbst angewiesen und in der Lage sind, Gewalt auszuüben, laufen sie selten Gefahr, zu unterliegen. Aus diesem Grund hat man gesehen, dass alle bewaffneten Propheten erfolgreich waren und dass die unbewaffneten Propheten unglücklich endeten. Dazu muss man hinzufügen, dass die Völker von Natur aus wankelmütig sind und dass es zwar leicht ist, sie zu etwas zu überreden, aber schwer, sie in dieser Überzeugung zu bestärken.

Moses, Cyrus, Theseus und Romulus hätten ihre Institutionen nicht lange aufrechterhalten können, wenn sie unbewaffnet gewesen wären, und es wäre ihnen so ergangen wie heutzutage dem Bruder Hieronymus Savonarola, dessen gesamte Institutionen zugrunde gingen, sobald die vielen Menschen anfingen, nicht mehr an ihn zu glauben, da er kein Mittel hatte, die noch Glaubenden in ihrem Glauben zu bestärken und die Ungläubigen zum Glauben zu zwingen.

Wenn sie diese Hindernisse überwunden haben, in Verehrung geraten sind und sich von neidischen Gleichgestellten befreit haben, bleiben sie mächtig, ruhig, geehrt und glücklich.

Zu diesen großen Beispielen, die ich angeführt habe, möchte ich noch eines von geringerer Ordnung hinzufügen, das aber nicht zu unverhältnismäßig ist, und ich wähle nur eines, das ausreicht: Hieron von Syrakus. Er war ein einfacher Privatmann und wurde zum Fürsten seiner Heimat, ohne dem Glück mehr zu verdanken zu haben als nur die Gelegenheit. Die unterdrückten Syrakusaner wählten ihn nämlich zu ihrem Feldherrn, und es waren seine Dienste in dieser Eigenschaft, die es verdienten, dass er auch heute noch zur höchsten Macht erhoben wird. Außerdem hatte er in seinem ersten Bürgerstand so viele Tugenden gezeigt, dass man von ihm sagte, er brauche nur ein Königreich, um gut zu herrschen. Außerdem zerstörte Hieron die alte Miliz und errichtete eine neue; er gab die alten Bündnisse auf und ging neue ein; da er nun Soldaten und Verbündete ganz für sich hatte, konnte er auf diesem Fundament das Gebäude errichten, das er wollte.

KAPITEL VII. Von den neuen Fürstentümern, die man durch die Waffen anderer und durch Glück erwirbt.

Diejenigen, die von einfachen Privatleuten allein durch die Gunst des Glücks zu Fürsten werden, werden mit wenig Mühe zu Fürsten; aber sie haben viel Mühe, sich zu behaupten. Es gibt keine Schwierigkeiten, die sie auf ihrem Weg aufhalten, sie fliegen darauf zu, aber sie zeigen sich, wenn sie angekommen sind.

Das sind diejenigen, denen ein Staat entweder gegen eine Geldsumme oder nach dem Willen des Verleihers zugestanden wird. So wurden in Ionien und am Hellespont viele Konzessionen gemacht, wo Darius verschiedene Prinzen einsetzte, damit sie diese Staaten zu seiner Sicherheit und zu seinem Ruhm regieren sollten. Auf diese Weise wurden auch die Kaiser geschaffen, die durch die Bestechung von Soldaten aus dem Stand der einfachen Bürger zum Kaiser erhoben wurden. Die Existenz solcher Prinzen hängt vollständig von zwei sehr unsicheren, sehr variablen Dingen ab: vom Willen und vom Vermögen derer, die sie geschaffen haben; und sie wissen nicht, wie sie sich in ihrer Höhe halten sollen, und können es auch nicht. Sie können es nicht, weil es unwahrscheinlich ist, dass ein Mann, der immer als Privatmann gelebt hat, zu befehlen weiß, es sei denn, er ist mit einem großen Geist und großem Wert begabt.

Sie können nicht tief genug verwurzelt und stark genug verwachsen sein, dass der erste Sturm sie nicht umwirft, es sei denn, dass, wie ich bereits sagte, diejenigen, die Fürsten geworden sind, genug Geschicklichkeit besitzen, um sich sofort darauf vorzubereiten, das zu bewahren, was das Glück in ihre Hände gelegt hat, und um nach der Erhebung ihrer Macht die Grundlagen zu schaffen, die vorher hätten geschaffen werden müssen.

In Bezug auf diese beiden Arten, Prinz zu werden, d. h. durch Geschicklichkeit oder Vermögen, möchte ich zwei Beispiele anführen, die noch im Gedächtnis der Menschen unserer Tage leben: Francesco Sforza und Cäsar Borgia.

Francesco Sforza wurde durch große Tapferkeit und den Einsatz der richtigen Mittel vom Privatmann zum Herzog von Mailand.

Im Gegensatz dazu verlor Cäsar Borgia, vulgo der Herzog von Valentinois, der durch das Vermögen seines Vaters zum Prinzen wurde, sein Fürstentum, sobald dieses Vermögen ihn nicht mehr stützte, und das, obwohl er nichts von all dem unterlassen hatte, was ein kluger und geschickter Mann tun musste, um tiefe Wurzeln in den Staaten zu schlagen, die ihm durch die Waffen anderer und das Vermögen geschenkt worden waren. Wie ich schon gesagt habe, ist es nicht unmöglich, dass ein äußerst geschickter Mann nach der Erhebung seiner Macht ein Fundament legt, das er vorher nicht gegründet hätte; aber eine solche Arbeit ist immer sehr schmerzhaft für den Architekten und gefährlich für das Gebäude.

Wenn man den Weg des Herzogs aufmerksam verfolgt, wird man sehen, was er alles getan hatte, um seine zukünftige Größe zu festigen, und es scheint nicht unnütz zu sein, hier ein wenig zu verweilen, denn das Beispiel seiner Handlungen stellt zweifellos die besten Lektionen dar, die man einem neuen Prinzen erteilen kann.

Alexander VI. wollte den Herzog, seinen Sohn, vergrößern und fand dabei für die Gegenwart und die Zukunft viele Schwierigkeiten. Er wusste, dass der Herzog von Mailand und Venedig dem nicht zustimmen würden, zumal Faenza und Rimini bereits unter dem Schutz der Venezianer standen, und er war sich bewusst, dass er ihn nur über einen Staat, der zur Domäne der Kirche gehörte, zum Herrn machen konnte. Außerdem sah er alle Kräfte Italiens, und besonders die, die er hätte benutzen können, in den Händen derer, die die Vergrößerung des Papstes am meisten fürchten mussten, so dass er auf ihre Treue nicht zählen konnte, denn sie waren von den Orsini, den Colonna und ihren Anhängern abhängig. Es blieb ihm also nichts anderes übrig, als alles zu zerstreuen und Unordnung unter allen Staaten Italiens zu stiften, um einige von ihnen im Zuge der Unruhen einnehmen zu können. Dies fiel ihm nicht schwer. Als die Venezianer aus anderen Gründen beschlossen hatten, die Franzosen nach Italien zurückzurufen, widersetzte er sich nicht nur nicht diesem Vorhaben, sondern erleichterte auch dessen Ausführung durch die Auflösung der schon lange bestehenden Ehe zwischen König Ludwig XII. und Johanna von Frankreich. Dieser Prinz kam also mit der Hilfe der Venezianer und der Zustimmung des Papstes nach Italien, und kaum war er in Mailand angekommen, erhielt Alexander von dort Truppen für eine Expedition in die Romagna, die ihm allein aufgrund des Ansehens des Königs sofort wieder entzogen wurde. Nachdem der Herzog von Valentinois diese Provinz erworben hatte, wurde sein Vorhaben, sich dort zu festigen und weitere Fortschritte zu machen, durch zwei Schwierigkeiten vereitelt: Die eine bestand darin, dass ihm die Truppen, die er hatte, nicht sehr treu erschienen; die andere lag am Willen des Königs, das heißt, er befürchtete einerseits, dass die Truppen der Orsini, deren er sich bedient hatte, ihm bei Bedarf fehlen und ihn nicht nur daran hindern würden, neue Erwerbungen zu machen, sondern ihn sogar die bereits gemachten wieder verlieren lassen würden; andererseits befürchtete er, dass der König das Gleiche tun würde. Was die Truppen der Orsini betraf, so hatte er bereits eine Probe ihrer Gesinnung gemacht, als er nach der Einnahme von Faenza Bologna angreifen wollte und sie sich sehr kaltblütig verhalten sah.

Unter diesen Umständen fasste der Herzog den Plan, sich von den Waffen und dem Willen anderer unabhängig zu machen. Zu diesem Zweck begann er damit, die Parteien der Orsini und Colonna in Rom zu schwächen, indem er alle ihre Anhänger, die adelig waren, für sich gewann, sie zu seinen Gentlemen machte und ihnen je nach ihrem Stand reiche Gehälter, Ehren, Truppenkommandos und die Regierung von Plätzen verlieh.

Nachdem er die Anhänger des Hauses Colonna zerstreut hatte, wartete er auf eine Gelegenheit, die Anhänger der Orsini zu vernichten; und da sich ihm diese Gelegenheit glücklicherweise bot, wusste er sie noch glücklicher zu nutzen. Als die Orsini nämlich zu spät erkannten, dass die Vergrößerung des Herzogs und der Kirche die Ursache ihres Untergangs sein würde, hielten sie an einem Ort in den Staaten von Perugia, der Magione genannt wurde, eine Art Reichstag ab, und aus dieser Versammlung folgten der Aufstand von Urbino, die Unruhen in der Romagna und unendlich viele Gefahren, die der Herzog mit Hilfe der Franzosen überwand. Nachdem er dadurch seinen Ruf wiederhergestellt hatte und weder auf Frankreich noch auf eine andere fremde Macht vertraute, griff er zu einer List und verstand es so gut, seine Gefühle zu verbergen, dass sich die Orsini durch den Herrn Pagolo mit ihm versöhnten, dessen er sich durch alle möglichen Zeichen der Freundschaft versichert hatte, indem er ihm Kleider, Geld und Pferde schenkte. Nach dieser Versöhnung waren sie so einfach, sich in Sinigaglia in seine Hände zu begeben.

Nachdem der Herzog diese Anführer vernichtet und ihre Anhänger für sich gewonnen hatte, konnte er seine Macht umso besser begründen, da er die Romagna und das Herzogtum Urbino beherrschte und die Einwohner durch den Beginn des Wohlstands an sich gebunden hatte. Da sein Verhalten noch als Beispiel dienen kann, ist es nicht unnütz, es zu erwähnen.

Die Romagna, die der Herzog erworben hatte, war zuvor von schwachen Männern regiert worden, die ihre Untertanen eher beraubt als regiert und eher geteilt als vereint hatten, so dass das ganze Land von Diebstählen, Raubüberfällen und Gewalttaten aller Art heimgesucht wurde. Der Herzog war der Meinung, dass es notwendig sei, eine gute Regierung zu bilden, um den Frieden und den Gehorsam gegenüber dem Prinzen wiederherzustellen. Deshalb beauftragte er Messer Ramiro d'Orco, einen grausamen und schnellen Mann, und gab ihm die größte Vollmacht. Diese Regierung sorgte bald für Ruhe und Ordnung und erlangte dadurch einen sehr guten Ruf. Doch dann dachte der Herzog, dass eine solche Autorität nicht mehr notwendig sei und sogar verhasst werden könnte, und richtete im Zentrum der Provinz ein Zivilgericht ein, dem er einen sehr guten Präsidenten gab und in dem jede Gemeinde ihren eigenen Anwalt hatte. Er tat noch viel mehr: Er wusste, dass die anfängliche Strenge einen gewissen Hass hervorgerufen hatte, und wollte dieses Gefühl in den Herzen auslöschen, damit sie ihm völlig ergeben waren; er wollte zeigen, dass, wenn einige Grausamkeiten begangen worden waren, diese nicht von ihm, sondern von der Schlechtigkeit seines Ministers ausgegangen waren. Zu diesem Zweck ließ er ihn eines Morgens auf dem Marktplatz von Cesena ausstellen, in Viertel geteilt, mit einem Holzklotz und einem blutigen Messer daneben. Dieser schreckliche Anblick befriedigte den

Groll der Einwohner und versetzte sie gleichzeitig in Angst und Schrecken. Aber kommen wir zurück.

Nachdem der Herzog seine Kräfte nach seinen Vorstellungen aufgebaut und die benachbarten Kräfte, die ihm hätten schaden können, weitgehend vernichtet hatte, hielt er sich, da er sich sehr mächtig fand, gegen die gegenwärtigen Gefahren für fast völlig gesichert; und als er seine Eroberungen fortsetzen wollte, wurde er noch durch die Rücksicht auf Frankreich zurückgehalten: denn er wusste, dass der König, der endlich seinen Irrtum erkannt hatte, ihm keine solchen Unternehmungen gestatten würde. Infolgedessen begann er, neue Freundschaften zu suchen und mit den Franzosen zu zögern, als sie gegen die Spanier, die Gaeta belagerten, in das Königreich Neapel marschierten; er plante sogar, sie außerstande zu setzen, sich ihm zu widersetzen, und er hätte es bald geschafft, wenn Alexander länger gelebt hätte.

Dies waren seine Maßnahmen in Bezug auf den gegenwärtigen Stand der Dinge. Für die Zukunft hatte er zunächst zu befürchten, dass ein neuer Papst ihm nicht wohlgesonnen sein und versuchen würde, ihm das wegzunehmen, was sein Vater Alexander ihm gegeben hatte. Diesem Umstand wollte er durch die folgenden vier Mittel entgegenwirken: Erstens, indem er die Rassen der Herren, die er beraubt hatte, vollständig auslöschte und so dem Papst nicht die Möglichkeiten ließ, die ihm die Existenz dieser Rassen geboten hätte; zweitens, indem er die Herren Roms gewann, um durch sie den Pontifex in Schach zu halten; drittens, indem er das heilige Kollegium so weit wie möglich an sich band; viertens, indem er sich vor dem Tod des damals lebenden Papstes so mächtig machte, dass er selbst in der Lage war, einem ersten Schock standzuhalten. Als Alexander starb, waren drei dieser Dinge vollendet, und er betrachtete das vierte als so gut wie vollendet. Er hatte alle beraubten Herren, die er erreichen konnte, getötet, und nur wenige waren ihm entkommen; er hatte die römischen Gentlemen für sich gewonnen; er hatte sich eine sehr große Partei im heiligen Kollegium gemacht; und schließlich plante er, um seine Macht zu vergrößern, die Herrschaft über die Toskana an sich zu reißen: was ihm leicht zu fallen schien, da er bereits Perugia und Piombino besaß und die Stadt Pisa unter seinen Schutz genommen hatte, auf die er sich stürzen wollte, ohne durch die Rücksicht auf Frankreich zurückgehalten zu werden, das ihm nicht mehr im Wege stand; denn die Franzosen waren bereits von den Spaniern um das Königreich Neapel gebracht worden, so dass sich alle Parteien in der Notwendigkeit befanden, die Freundschaft des Herzogs zu suchen. Danach mussten sich Lucca und Siena sofort unterwerfen, entweder aus Furcht oder aus Neid auf die Florentiner, und diese waren dann mittellos. Hätte er den ganzen Plan ausgeführt (und er hätte ihn in dem Jahr, in dem der Papst starb, vollendet), hätte er genug Kraft und Ansehen gehabt, um sich selbst zu erhalten und nur noch von seiner eigenen Macht und seinem eigenen Wert abhängig zu sein. Aber Alexander starb, als der Herzog erst fünf Jahre zuvor das Schwert gezogen hatte, und zu diesem Zeitpunkt hatte der Herzog nur den Staat Romagna fest im Griff, während seine Macht in allen anderen Staaten noch schwankte.

Er war jedoch mit so viel Entschlossenheit und Mut ausgestattet, er kannte die Kunst, Menschen zu gewinnen und zu vernichten, und die Grundlagen, die er für seine Macht geschaffen hatte, waren so solide, dass er alle Schwierigkeiten hätte überwinden können, wenn er nicht zwei Armeen auf dem Rücken gehabt hätte oder krank gewesen wäre. Wie stark die von ihm gelegten Grundlagen waren, zeigt sich daran, dass die Romagna mehr als einen Monat wartete, um sich gegen ihn zu entscheiden; dass er, obwohl halb tot, in Rom sicher blieb und dass die Baglioni, Vitelli und Orsini, die in die Stadt eilten, keine Partei gegen ihn bilden konnten; dass er, wenn er schon nicht zum Papst ernennen konnte, wen er wollte, so doch wenigstens verhindern konnte, dass man ernannte, wen er nicht wollte. Wenn seine Gesundheit zum Zeitpunkt von Alexanders Tod nicht beeinträchtigt gewesen wäre, wäre ihm alles leicht gefallen. Als Julius II. ernannt wurde, sagte er mir, dass er an alles gedacht habe, was passieren könnte, wenn sein Vater sterben würde, und dass er für alles eine Lösung gefunden habe.

Wenn ich also das gesamte Verhalten des Herzogs zusammenfasse, finde ich nicht nur nichts, was ich kritisieren könnte, sondern es scheint mir, dass man es als Vorbild für all jene vorschlagen kann, die durch die Gunst des Glücks und durch die Waffen anderer zur souveränen Macht gelangt sind. Da er mit großem Mut und Ehrgeiz ausgestattet war, konnte er sich nicht anders verhalten, und die Ausführung seiner Pläne konnte nur durch die kurze Lebenszeit seines Vaters Alexander und seine eigene Krankheit aufgehalten werden. Jeder, der es in einem neuen Fürstentum für notwendig hält, sich gegen seine Feinde zu sichern, Freunde zu gewinnen, mit Gewalt oder List zu siegen, von den Völkern geliebt und gefürchtet zu werden, von den Soldaten befolgt und respektiert zu werden und diejenigen zu vernichten, die ihm schaden können und müssen, die alten Institutionen durch neue zu ersetzen, gleichzeitig streng und gnädig, großmütig und liberal zu sein, eine neue Miliz zu bilden und die alte aufzulösen, die Freundschaft der Könige und Fürsten zu schonen, so dass alle es lieben müssen, ihm zu dienen, und fürchten müssen, ihm zu schaden: Dieser, sage ich, kann keine neueren Beispiele finden als die, die das politische Leben des Herzogs von Valentinois aufweist.

Das einzige, was man an seinem Verhalten zu bemängeln hat, ist die Ernennung von Julius II, die für ihn eine verhängnisvolle Wahl war. Da er, wie gesagt, nicht jeden zum Papst wählen lassen konnte, den er wollte, sondern nur verhindern, dass man jeden wählte, den er nicht wollte, durfte er nie zustimmen, dass einer der Kardinäle, die er beleidigt hatte, zum Papst erhoben wurde, und der, wenn er Papst geworden wäre, Grund gehabt hätte, ihn zu fürchten.

Diejenigen, die der Herzog beleidigt hatte, waren unter anderem die Kardinäle von St. Peter in den Verbindungen, Colonna, St. Georg und Ascanio Sforza; und alle anderen hatten Grund, ihn zu fürchten, außer dem Kardinal d'Amboise und den Spaniern: diese wegen bestimmter Beziehungen und gegenseitiger Verpflichtungen und d'Amboise, weil er Frankreich auf seiner Seite hatte, was ihm eine große Macht verlieh. Der Herzog musste also vorzugsweise einen Spanier ernennen lassen; und wenn er das nicht konnte, musste er eher der Wahl von d'Amboise als der Wahl des Kardinals von St. Peter ès liens zustimmen. Es ist ein Irrtum zu glauben, dass bei großen Persönlichkeiten die jüngsten Dienste die alten Beleidigungen vergessen lassen. Der Herzog machte also, als er der Wahl Julius' II. zustimmte, einen Fehler, der die Ursache für seinen völligen Ruin war.

KAPITEL VIII. Von denen, die durch Schurkereien zu Fürsten geworden sind.

Es gibt noch zwei weitere Wege, wie man Prinz werden kann, die weder vom Vermögen noch vom Wert abhängen und daher nicht unerwähnt bleiben dürfen; von einem könnte man sogar ausführlicher sprechen, wenn es hier um Republiken ginge.

Diese beiden Arten sind, entweder durch Schurkerei und Frevel zur souveränen Macht aufzusteigen oder durch die Gunst der Mitbürger dazu gebracht zu werden.

Um das erste Beispiel bekannt zu machen, das hier nicht in Bezug auf Gerechtigkeit und Moral untersucht werden soll, beschränke ich mich darauf, zwei Beispiele anzuführen, eines aus der Antike und eines aus der Neuzeit, denn sie scheinen mir für jeden, der sie nachahmen muss, ausreichend zu sein.

Agathokles, ein Sizilianer, gelangte nicht nur von einem einfachen Bürger, sondern auch aus dem niedrigsten Stand zum König von Syrakus. Als Sohn eines Töpfers war er auf allen Stufen seines Vermögens ein Schurke, aber er verband seine Schurkerei mit so viel Seelen- und Körperkraft, dass er sich, nachdem er die militärische Laufbahn eingeschlagen hatte, von Rang zu Rang bis zur Würde des Prätors von Syrakus emporarbeitete. Als er so weit gekommen war, wollte er Fürst werden und sogar die souveräne Macht, die man ihm zugesagt hatte, mit Gewalt und ohne Verpflichtung gegenüber irgendjemandem in Besitz nehmen. Um dieses Ziel zu erreichen, beriet er sich mit Amilcar, einem karthagischen General, der ein Heer in Sizilien befehligte, und rief eines Morgens das Volk und den Senat von Syrakus zusammen, um über Angelegenheiten zu beraten, die die Republik betrafen; auf ein Signal hin ließ er alle Senatoren und die reichsten Bürger von seinen Soldaten niedermetzeln, woraufhin er sich des Fürstentums bemächtigte und es unangefochten behielt. Als er dann zweimal von den Karthagern geschlagen und schließlich von ihnen in

Syrakus belagert wurde, konnte er es nicht nur verteidigen, sondern ließ auch einen Teil seiner Truppen zurück, um die Belagerung aufrechtzuerhalten, und zog mit dem anderen Teil nach Afrika, um dort Krieg zu führen, so dass er die Karthager in kurzer Zeit zwingen konnte, die Belagerung aufzugeben, und sie in die äußerste Notlage brachte: So wurden sie gezwungen, Frieden mit ihm zu schließen, ihm den Besitz von Sizilien zu überlassen und sich mit dem Besitz von Afrika zu begnügen.

Jeder, der über den Verlauf und die Taten des Agathokles nachdenkt, wird kaum etwas finden, was man dem Glück zuschreiben könnte, wenn überhaupt. Wie ich bereits sagte, gelangte er nicht durch Gunst zur höchsten Macht, sondern durch alle militärischen Ränge, die er sich nach und nach durch harte Arbeit und Gefahren erarbeitete.

Wahrlich, man kann nicht sagen, dass es einen Wert hat, seine Mitbürger abzuschlachten, seine Freunde zu verraten, ohne Glauben, ohne Mitleid, ohne Religion zu sein: Man kann durch solche Mittel Macht, aber keinen Ruhm erlangen. Wenn man aber bedenkt, mit welchem Mut Agathokles sich in Gefahren stürzte und aus ihnen herauskam, mit welcher Seelenstärke er die Not zu erleiden und zu überwinden wusste, dann sieht man nicht ein, warum er unter den besten Kapitänen stehen sollte. Man muss nur zugeben, dass seine Grausamkeit, seine Unmenschlichkeit und seine zahlreichen Schurkereien es nicht erlauben, ihn zu den großen Männern zu zählen. Wir beschränken uns daher auf die Schlussfolgerung, dass man die Höhe, die er ohne das eine oder das andere erreichte, weder dem Glück noch der Tugend zuschreiben kann.

Zu unserer Zeit und während der Herrschaft von Alexander VI. wurde Oliverotto da Fermo, der mehrere Jahre zuvor als kleiner Waise aufgewachsen war, von einem Onkel mütterlicherseits namens Johannes Fogliani aufgezogen und von seiner frühesten Jugend an unter Paolo Vitelli in das Waffenhandwerk eingeführt, damit er, in einer so guten Schule ausgebildet, einen hohen militärischen Rang erreichen konnte. Nach Paolos Tod diente er weiter unter Vitelozzo, dem Bruder seines ersten Lehrers. Bald wurde er durch sein Talent, seine Körperkraft und seinen unerschrockenen Mut zu einem der vornehmsten Offiziere der Armee. Da es ihm jedoch als Unterwürfigkeit erschien, unter dem Befehl und im Sold eines anderen zu stehen, fasste er den Plan, sowohl mit Hilfe einiger Bürger, die die Sklaverei der Freiheit ihrer Heimat vorzogen, als auch mit Vitelozzos Unterstützung die Herrschaft über Fermo zu erlangen. In dieser Absicht schrieb er an Johannes Fogliani, dass er, seit vielen Jahren von ihm und seinem Vaterland entfernt, es wiedersehen und gleichzeitig sein Erbe ein wenig auskundschaften wolle; dass er außerdem, da alle seine Arbeiten nur der Ehre dienten und er wünsche, dass seine Mitbürger sehen könnten, dass er die Zeit nicht nutzlos verwendet habe, beabsichtige, sich ihnen mit einem gewissen Pomp und in Begleitung von hundert Männern seiner Freunde und seiner Diener zu Pferd zu zeigen; Er bat ihn, dafür zu sorgen, dass die Einwohner von Fermo ihm einen ehrenvollen Empfang bereiteten, da dies nicht nur zu seinem eigenen Ruhm, sondern auch zu dem seines Onkels, dessen Schüler er war, beitragen würde. Johannes Fogliani tat alles, was er konnte, um seinen Neffen zu verpflichten. Er ließ ihn von den Einwohnern ehrenvoll empfangen und brachte ihn in seinem Haus unter, wo Oliverotto nach einigen Tagen, in denen er die notwendigen Vorbereitungen für die Ausführung seines Verbrechens getroffen hatte, ein prächtiges Festmahl veranstaltete, zu dem er sowohl Johannes Fogliani als auch die vornehmsten Bürger von Fermo einlud. Nach all den Diensten und Vergnügungen, die bei solchen Festen üblich sind, lenkte er das Gespräch geschickt auf ernste Themen und sprach über die Größe von Papst Alexander und Caesar, seinem Sohn, sowie über ihre Unternehmungen. Nachdem Johannes Fogliani und die anderen ihre Meinung zu diesem Thema geäußert hatten, stand er plötzlich auf und sagte, dies seien Themen, die in einem abgelegeneren Raum besprochen werden sollten, und ging in ein anderes Zimmer, wohin ihm die Gäste folgten. Kaum saßen sie aber, als Soldaten aus verschiedenen geheimen Räumen kamen und sie alle und Johannes Fogliani töteten. Gleich nach dem Mord stieg Oliverotto auf ein Pferd, ritt durch das Land und belagerte den obersten Richter in seinem Palast, so dass die Angst alle zwang, ihm zu gehorchen und eine Regierung zu bilden, deren Fürst er sich selbst nannte. Nachdem alle, die ihm aus Unzufriedenheit hätten schaden können, getötet worden waren, festigte er seine Macht durch neue zivile und militärische Institutionen so sehr, dass er im Laufe des Jahres, in dem er sie behielt, nicht nur in Sicherheit in seinem eigenen Land lebte, sondern auch seinen Nachbarn eine große Freude machte; Dort wurde er ein Jahr nach dem von ihm begangenen Vatermord mit den Orsini und Vitelli gefangen genommen, wie ich oben erwähnt habe, und zusammen mit Vitelozzo, seinem Meister des Krieges und der Schurkerei, erdrosselt.

Vielleicht fragt jemand, warum Agathokles oder ein ähnlicher Tyrann trotz unendlich vieler Verrätereien und Grausamkeiten lange Zeit sicher in seinem Land leben, sich gegen äußere Feinde verteidigen und keine Verschwörung seiner Mitbürger bekämpfen konnte, während viele andere, weil sie grausam waren, sich weder in Kriegs- noch in Friedenszeiten halten konnten. Ich glaube, dass der Grund dafür in der guten oder schlechten Anwendung von Grausamkeiten liegt. Grausamkeiten sind gut angewandt (wenn das Wort gut überhaupt auf das Böse angewandt werden kann), wenn man sie alle auf einmal begeht, weil man für seine Sicherheit sorgen muss, wenn man nicht darauf beharrt und sie, soweit es möglich ist, zum Vorteil der Untertanen wendet. Sie werden dagegen falsch angewendet, wenn sie, obwohl sie im Prinzip nicht zahlreich sind, sich mit der Zeit vermehren, anstatt aufzuhören.

Diejenigen, die sie richtig anwenden, können wie Agathokles mit der Hilfe Gottes und der Menschen die Folgen beheben, aber diejenigen, die sie falsch anwenden, können sich nicht halten.

Hierzu ist zu bemerken, dass derjenige, der einen Staat usurpiert, alle Grausamkeiten, die er begehen will, auf einmal bestimmen und ausführen muss, damit er nicht jeden Tag darauf zurückkommen muss, sondern durch die Vermeidung ihrer Wiederholung die Gemüter beruhigen und durch Wohltaten gewinnen kann. Wer sich aus Schüchternheit oder aufgrund schlechter Ratschläge anders verhält, muss immer das Schwert in der Hand halten und kann sich nie auf seine Untertanen verlassen, die durch ständige und neue Beleidigungen unaufhörlich in Unruhe gehalten werden. Grausamkeiten müssen alle auf einmal begangen werden, damit ihre Bitterkeit weniger spürbar ist und sie weniger reizen.

In allen Dingen soll sich der Fürst gegenüber seinen Untertanen so verhalten, dass man nicht sieht, wie er je nach den guten oder schlechten Umständen variiert. Wenn er wartet, bis er durch die Notwendigkeit gezwungen wird, das Böse oder das Gute zu tun, wird es geschehen, dass er entweder nicht mehr Zeit hat, das Böse zu tun, oder dass das Gute, das er tut, ihm nicht nützt; denn man wird glauben, es sei mit Gewalt geschehen, und man wird ihm nicht dankbar sein.

KAPITEL IX. Das bürgerliche Fürstentum.

Sprechen wir nun von dem Einzelnen, der nicht durch Schurkerei oder irgendeine grausame Gewalt, sondern durch die Gunst seiner Mitbürger zum Fürsten seines Vaterlandes geworden ist: Das kann man bürgerliches Fürstentum nennen, zu dem man nicht durch bloße Geschicklichkeit, nicht durch bloße Tugend, sondern vielmehr durch glückliche Geschicklichkeit gelangt.

In diesem Zusammenhang sage ich, dass man entweder durch die Gunst des Volkes oder durch die Gunst der Großen zu dieser Art von Fürstentum erhoben wird. In allen Ländern findet man nämlich zwei entgegengesetzte Geisteshaltungen: Einerseits will das Volk von den Großen weder befehligt noch unterdrückt werden; andererseits wollen die Großen das Volk befehligen und unterdrücken; und diese entgegengesetzten Geisteshaltungen bringen eine von drei Wirkungen hervor: entweder Fürstentum oder Freiheit oder Lizenz.

Das Fürstentum kann auch ein Werk der Großen oder des Volkes sein, je nachdem, wie es der Anlass erfordert. Wenn die Großen sehen, dass sie dem Volk nicht widerstehen können, wenden sie sich an den Kredit und die Macht eines Einzelnen und machen ihn zum Fürsten, damit sie im Schatten seiner Autorität ihre ehrgeizigen Wünsche erfüllen können; und ebenso, wenn das Volk den Großen nicht widerstehen kann, richtet es sein ganzes Vertrauen auf einen Einzelnen und macht ihn zum Fürsten, damit es durch seine Macht verteidigt wird.

Ein Prinz, der von den Großen erhoben wurde, hat es schwerer, sich zu halten, als ein Prinz, der vom Volk erhoben wurde. Der erste ist von Menschen umgeben, die sich für seinesgleichen halten, und kann daher weder befehlen noch nach Belieben mit ihnen umgehen; der zweite hingegen steht allein auf seiner Stufe und hat niemanden oder fast niemanden um sich, der nicht bereit ist, ihm zu gehorchen. Außerdem ist es kaum möglich, die Großen ohne Ungerechtigkeit und Beleidigung anderer zufrieden zu stellen, aber nicht so das Volk, dessen Ziel gerechter ist als das der Großen. Die Großen wollen unterdrücken, und das Volk will nur nicht unterdrückt werden. Es stimmt, dass der Fürst nicht sicher sein kann, wenn das Volk zum Feind wird, weil es sich um eine zu große Menge handelt, während es ihm bei den Großen, die immer in geringer Zahl vorhanden sind, sehr leicht fällt. Im schlimmsten Fall kann er nur befürchten, dass er vom Volk im Stich gelassen wird, während er noch mehr befürchten muss, dass die Großen gegen ihn vorgehen; denn sie sind vorausschauender und geschickter und wissen sich immer aus der Ferne Rettung zu verschaffen, indem sie sich bei der Partei, von der sie den Sieg erwarten, in Gunst zu setzen suchen. Das Volk, mit dem der Fürst leben muss, ist immer dasselbe, und er kann es nicht ändern; aber was die Großen betrifft, so ist der Wechsel leicht; er kann sie jeden Tag machen und besiegen; er kann nach seinem Belieben ihren Kredit erhöhen oder herabsetzen.

Ich sage also, dass in Bezug auf die Großen eine erste und wichtigste Unterscheidung zu treffen ist zwischen denen, deren Verhalten erkennen lässt, dass sie ihr Vermögen ganz an das des Prinzen binden, und denen, die anders handeln.

Die ersten müssen geehrt und geschätzt werden, sofern sie nicht zum Raub neigen; bei den anderen ist noch ein Unterschied zu machen. Wenn es solche gibt, die dies aus Schwäche und natürlichem Mangel an Mut tun, kann man sie beschäftigen, vor allem, wenn sie gute Ratgeber sind, weil der Fürst sich in guten Zeiten mit ihnen schmückt und in schlechten Zeiten nichts von ihnen zu befürchten hat. Aber für diejenigen, die gut wissen, was sie tun, und die von ehrgeizigen Ansichten bestimmt sind, ist es sichtbar, dass sie eher an sich selbst als an den Prinzen denken. Er muss ihnen also misstrauen und sie so behandeln, als wären sie erklärte Feinde; denn im Falle einer Notlage helfen sie unfehlbar, ihn zu ruinieren.

Zum Schluss noch die Konsequenz aus all dem, was bisher gesagt wurde. Wer durch die Gunst des Volkes zum Fürsten wird, muss daran arbeiten, dessen Freundschaft zu erhalten, was leicht ist, da das Volk nichts anderes will, als nicht unterdrückt zu werden. Derjenige, der durch die Gunst der Großen gegen den Willen des Volkes zum Fürsten wird, muss vor allem versuchen, das Volk an sich zu binden, und auch das ist leicht, da er es nur unter seinen Schutz nehmen muss. Dann wird das Volk ihm sogar unterwürfiger und ergebener sein, als wenn das Fürstentum durch seine Gunst erlangt worden wäre; denn wenn die Menschen von jemandem, von dem sie nur Schlechtes erwartet hatten, etwas Gutes erhalten, sind sie dafür viel dankbarer. Im Übrigen hat der Fürst viele Mittel, um die Zuneigung des Volkes zu gewinnen; da diese Mittel aber je nach den Umständen verschieden sind, will ich hier nicht näher darauf eingehen.

Nabis, der Fürst von Sparta, wurde von ganz Griechenland und einem römischen Heer belagert, das bereits mehrere Siege errungen hatte, und musste, um sein Land und seine Macht gegen eine solche Übermacht zu verteidigen, nur eine sehr kleine Zahl von Menschen versichern.

Es gibt kein Sprichwort, das man mir entgegenhalten könnte: "Wer sich auf das Volk verlässt, verlässt sich auf den Schlamm. Das gilt für einen Einzelnen, der sich auf eine solche Grundlage verlässt und sich einredet, dass das Volk seine Verteidigung übernehmen würde, wenn er von seinen Feinden oder von den Magistraten unterdrückt würde; seine Hoffnung würde oft enttäuscht werden, wie die der Gracchen in Rom und von Messer Giorgio Scali in Florenz. Wenn es sich aber um einen Fürsten handelt, der das Recht hat zu befehlen, der ein Mann von Herzen ist, der in der Not nicht den Mut verliert, der es auch nicht versäumt hat, andere geeignete Maßnahmen zu ergreifen, und der durch seine Standhaftigkeit seine Untertanen zu beherrschen weiß, so wird er nicht enttäuscht werden und sehen, dass er sich auf das Volk verlassen und sich auf eine sehr solide Grundlage gestützt hat.

Die Fürsten, von denen hier die Rede ist, sind nur dann wirklich in Gefahr, wenn sie aus einer bürgerlichen Macht eine absolute machen wollen, sei es, dass sie diese selbst ausüben, sei es, dass sie sie durch die Magistrate ausüben. Im letzteren Fall sind sie aber schwächer und in größerer Gefahr, weil sie vom Willen der Bürger abhängen, denen die Magistratur anvertraut ist, und die, besonders in Zeiten der Not, die Autorität des Fürsten sehr leicht zerstören können, sei es, indem sie gegen ihn handeln, sei es, indem sie ihm nicht gehorchen. Wenn der Fürst dann die Ausübung seiner Macht wieder für sich allein in Anspruch nehmen will, wird es nicht mehr rechtzeitig sein, weil die Bürger und Untertanen, die daran gewöhnt sind, Befehle aus dem Mund der Magistrate zu empfangen, in kritischen Zeiten nicht bereit sein werden, denen zu gehorchen, die er selbst geben würde. Daher wird es ihm in diesen unsicheren Zeiten immer sehr schwer fallen, Freunde zu finden, denen er sich anvertrauen kann.

Denn ein solcher Fürst darf sich nicht nach dem richten, was in Zeiten der Ruhe geschieht, wenn die Bürger seiner Herrschaft bedürfen: Dann eilen alle herbei und schwören, für ihn zu sterben, solange der Tod nur in der Ferne zu sehen ist; aber in der Zeit der Not, wenn er alle Bürger braucht, findet er nur wenige, die bereit sind, ihn zu verteidigen; das würde ihm die Erfahrung zeigen; aber diese Erfahrung ist umso gefährlicher, als sie nur einmal gemacht werden kann. Der Fürst muss daher, wenn er über eine gewisse Weisheit verfügt, ein Regierungssystem ersinnen und einrichten, das so beschaffen ist, dass die Bürger ihn zu jeder Zeit und unter allen Umständen brauchen, denn dann kann er immer sicher sein, dass sie ihm treu bleiben.

KAPITEL X. Wie man in jeder Art von Fürstentum seine Kräfte messen soll.

Wenn wir über die verschiedenen Arten von Fürstentümern sprechen, gibt es noch etwas anderes zu beachten: ob der Fürst einen Staat hat, der mächtig genug ist, um sich notfalls selbst verteidigen zu können, oder ob er sich immer in der Notwendigkeit befindet, von einem anderen verteidigt zu werden.

Um meinen Gedanken zu verdeutlichen, betrachte ich diejenigen Fürsten als fähig, sich selbst zu verteidigen, die über genügend Männer und Geld verfügen, um ein vollständiges Heer aufzustellen und jedem, der sie angreift, eine Schlacht zu liefern; im Gegensatz dazu betrachte ich diejenigen, die nicht über die Mittel verfügen, um gegen den Feind ins Feld zu ziehen, und gezwungen sind, sich innerhalb ihrer Mauern zu verstecken und sich dort zu verteidigen, als stets auf die Hilfe anderer angewiesen.

Ich habe bereits von den ersten gesprochen, und im Folgenden werde ich noch einige Worte darüber verlieren, was mit ihnen geschehen soll.

Was die anderen betrifft, so kann ich ihnen nur sagen, dass sie die Stadt, in der ihre Macht begründet ist, gut ausrüsten und befestigen sollen, während sie mit dem Rest des Landes nicht rechnen sollen. Denn die Menschen lieben im Allgemeinen keine Unternehmungen, die mit großen Schwierigkeiten verbunden sind, und es gibt zweifellos viele, die einen Fürsten angreifen, dessen Stadt in einem respektablen Zustand der Verteidigung ist und der von seinen Untertanen nicht gehasst wird.

Die Städte in Deutschland genießen eine sehr weitgehende Freiheit, obwohl sie nur ein sehr begrenztes Gebiet besitzen; dennoch gehorchen sie dem Kaiser nur so weit, wie es ihnen gefällt, und fürchten weder seine Macht noch die Macht irgendeines anderen Staates, der sie umgibt: Sie sind so befestigt, dass eine Belagerung ein schwieriges und gefährliches Unterfangen wäre; sie sind alle von Gräben und guten Mauern umgeben und verfügen über eine ausreichende Artillerie; sie enthalten in den öffentlichen Magazinen stets Vorräte an Nahrungsmitteln, Getränken und Brennstoffen für ein Jahr; Sie haben sogar, um die kleinen Leute ohne Verlust für die Öffentlichkeit zu ernähren, Materialien in ausreichender Menge, um ihnen ein ganzes Jahr lang Arbeit in der Art von Industrie und Handwerk zu verschaffen, mit der sie sich gewöhnlich beschäftigen und die den Reichtum und das Leben des Landes ausmachen; außerdem halten sie die militärischen Übungen in Ehren und haben darüber eine große Anzahl von Vorschriften.

Denn die Dinge dieser Welt sind veränderlich, und es ist kaum möglich, dass ein Feind ein ganzes Jahr lang mit seinen Truppen um einen Ort herum lagert.

Wenn man mir entgegenhält, dass die Einwohner, die ihr Eigentum draußen haben, nicht mit ruhigem Auge sehen würden, wie es den Flammen übergeben wird, und dass die Langeweile der Belagerung und ihre persönlichen Interessen sie nicht viel an den Fürsten denken lassen würden, so würde ich antworten, dass ein mächtiger und mutiger Fürst diese Schwierigkeiten immer zu überwinden weiß, indem er entweder seine Untertanen hoffen lässt, dass das Übel nicht von langer Dauer sein wird, oder indem er sie die Grausamkeit des Feindes fürchten lässt, oder indem er sich mit Umsicht derer versichert, die er für zu kühn hält.

Wenn der Feind das Land verbrennt und verwüstet, muss dies natürlich im Augenblick seiner Ankunft geschehen, d.h. zu einer Zeit, in der die Gemüter noch ganz erhitzt und zur Verteidigung bereit sind: Der Fürst muss sich daher in diesem Fall um so weniger beunruhigen, als der Schaden bereits entstanden ist und erlitten wurde, wenn die Gemüter sich abzukühlen beginnen, es kein Heilmittel mehr gibt und die Einwohner ihrem Fürsten nur noch mehr zugetan sein werden, weil sie denken, dass er es ihnen verdankt, dass ihre Häuser zu seiner Verteidigung angezündet und ihre Felder verwüstet wurden. Es liegt in der Natur der Menschen, dass sie sich durch die Dienste, die sie leisten, ebenso aneinander binden wie durch die, die sie empfangen. Wenn man also alles in Betracht zieht, sieht man, dass es einem umsichtigen Fürsten, der in seiner Stadt belagert wird, nicht schwer fallen dürfte, den Einwohnern Standhaftigkeit einzuflößen und sie in dieser Stimmung zu halten, solange ihnen die Mittel zur Ernährung und Verteidigung nicht fehlen.

KAPITEL XI. Die kirchlichen Fürstentümer.

Es bleibt nun noch von den kirchlichen Fürstentümern zu sprechen, in Bezug auf die es nur Schwierigkeiten gibt, wenn man sie in Besitz nimmt. Denn die Fürsten werden durch die alten religiösen Institutionen gestützt, deren Macht so groß und deren Wesen so beschaffen ist, dass sie sie in der Macht halten, wie sie auch regieren und sich verhalten mögen.

Diese Fürsten allein haben Staaten, und sie verteidigen sie nicht; sie haben Untertanen, und sie regieren sie nicht. Aber ihre Staaten, obwohl sie nicht verteidigt werden, werden ihnen nicht genommen; und ihre Untertanen, obwohl sie nicht regiert werden, machen sich keine Sorgen und wollen und können sich nicht von ihnen lösen. Diese Fürstentümer sind also frei von Gefahr und glücklich. Da dies aber auf höhere Ursachen zurückzuführen ist, zu denen sich der menschliche Geist nicht erheben kann, will ich davon nicht sprechen. Gott ist es, der sie erhebt und erhält; und ein Mensch, der es unternähme, davon zu reden, würde sich der Vermessenheit und Verwegenheit schuldig machen.

Wenn aber jemand fragt, woher es kommt, dass die Kirche zu so großer weltlicher Größe aufgestiegen ist und dass, während vor Alexander VI. und bis zu ihm alle, die in Italien irgendeine Macht besaßen, und nicht nur die Fürsten, sondern auch die geringsten Barone und Herren, ihre Macht in weltlicher Hinsicht so wenig fürchteten, sie jetzt dazu gekommen ist, den König von Frankreich in Angst und Schrecken zu versetzen, ihn aus Italien zu vertreiben und die Venezianer zu ruinieren; Obwohl jedermann darüber Bescheid weiß, scheint es mir nicht unnütz, die Erinnerung daran hier bis zu einem gewissen Grad wachzurufen.

Bevor der französische König Karl VIII. nach Italien kam, stand das Land unter der Herrschaft des Papstes, der Venezianer, des Königs von Neapel, des Herzogs von Mailand und der Florentiner. Jede dieser Mächte hatte zwei Hauptaufgaben: Sie mussten verhindern, dass ein Fremder seine Waffen nach Italien trug, und sie mussten verhindern, dass einer von ihnen seine Staaten vergrößerte. Was den zweiten Punkt betraf, so musste man vor allem auf den Papst und die Venezianer achten. Um die Venezianer in Schach zu halten, mussten alle anderen Mächte vereint bleiben, wie es bei der Verteidigung von Ferrara der Fall war. Was den Papst betraf, so wurden die Barone von Rom herangezogen, die in zwei Fraktionen, nämlich die der Orsini und die der Colonna, gespalten waren, ständig Tumulte anzettelten, vor den Augen des Pontifex die Waffen in der Hand hielten und seine Macht ständig schwach und schwankend hielten. Zwar gab es von Zeit zu Zeit einige entschlossene und mutige Päpste wie Sixtus IV., aber sie waren nie geschickt oder glücklich genug, um sich aus der unangenehmen Verlegenheit zu befreien, in der sie sich befanden. Ein weiteres Hindernis war die Kürze ihrer Herrschaft: Innerhalb von zehn Jahren, der durchschnittlichen Dauer der päpstlichen Herrschaft, war es kaum möglich, eine der Fraktionen, die Rom spalteten, vollständig zu vernichten; und wenn zum Beispiel ein Papst die Colonna niedergeschlagen hatte, kam ein anderer Papst, der sie wiederbelebte, weil er ein Feind der Orsini war; aber dieser wiederum hatte nicht die nötige Zeit, um die Orsini zu vernichten. Aus diesem Grund respektierte Italien die weltliche Macht des Papstes so wenig.

Schließlich kam Alexander VI., der von allen Päpsten, die je gelebt haben, am deutlichsten gezeigt hat, was ein Papst alles unternehmen konnte, um sich mit den Schätzen und Waffen der Kirche zu vergrößern. Er nutzte die Invasion der Franzosen aus und bediente sich eines Werkzeugs wie dem Herzog von Valentinois und tat alles, was ich oben in Bezug auf die Handlungen des Herzogs beschrieben habe. Seine Unternehmungen kamen jedoch der Kirche zugute, die nach seinem Tod und dem Untergang des Herzogs die Früchte ihrer Arbeit erbte.

Bald darauf regierte Julius II. Er fand, dass die Kirche mächtig war und die gesamte Romagna beherrschte, dass die Barone zerstört und ihre Fraktionen durch die Strenge Alexanders vernichtet worden waren; Er wollte nicht nur in diese Fußstapfen treten, sondern noch weiter gehen und plante, Bologna zu erobern, die Venezianer zu stürzen und die Franzosen aus Italien zu vertreiben.

Er konnte die Parteien der Colonna und der Orsini innerhalb der Grenzen halten, die Alexander ihnen gesetzt hatte, und obwohl es unter ihnen immer noch einige Anfänge von Zwietracht gab, mussten sie dennoch ruhig bleiben, erstens, weil die Größe der Kirche sie dazu zwang, und zweitens, weil sie keine Kardinäle unter sich hatten. Die Kardinäle sind für die Unruhen verantwortlich, und die Parteien werden niemals ruhig sein, solange die Kardinäle darin verwickelt sind: Sie sind es, die die Parteien in Rom oder außerhalb anstacheln und die Barone zwingen, sie zu unterstützen.

So kam es also, dass Papst Leo X. das Papsttum allmächtig fand, und es ist zu hoffen, dass, wenn seine Vorgänger es durch Waffengewalt vergrößert haben, er es durch seine Güte und alle seine anderen Tugenden noch viel größer und ehrwürdiger machen wird.

KAPITEL XII. Wie viele Arten von Milizen und Söldnertruppen es gibt.

Ich habe die Eigenschaften der verschiedenen Arten von Fürstentümern, über die ich zu sprechen gedachte, erörtert; ich habe einige der Ursachen ihres Übels oder ihres Wohlergehens untersucht; ich habe die Mittel aufgezeigt, derer sich viele bedient haben, um sie zu erwerben oder zu erhalten; nun muss ich sie noch unter dem Gesichtspunkt des Angriffs und der Verteidigung betrachten.

Ich habe oben gesagt, wie notwendig es für einen Fürsten ist, dass seine Macht auf guten Grundlagen errichtet wird, ohne die sie unweigerlich zusammenbrechen muss. Nun sind für jeden Staat, sei er alt, neu oder gemischt, gute Gesetze und gute Waffen die wichtigsten Grundlagen. Da es aber dort, wo es keine guten Waffen gibt, auch keine guten Gesetze geben kann und wo es gute Waffen gibt, auch gute Gesetze gibt, will ich hier nur von den Waffen sprechen.

Ich sage also, dass die Waffen, die ein Fürst zur Verteidigung seines Staates einsetzen kann, ihm selbst eigen sind oder Söldner, Hilfstruppen oder gemischte Waffen sind, und dass Söldner und Hilfstruppen nicht nur nutzlos, sondern sogar gefährlich sind.

Ein Fürst, dessen Macht nur von Söldnertruppen gestützt wird, wird nie sicher und ruhig sein; denn solche Truppen sind uneinig, ehrgeizig, ohne Disziplin, treulos, kühn gegen Freunde, feige gegen Feinde, und sie haben weder Gottesfurcht noch Ehrlichkeit gegenüber Menschen. Der Fürst wird nur so lange ruiniert, wie man den Angriff auf ihn hinauszögert. Im Frieden wird er von denselben Truppen beraubt; im Krieg wird er vom Feind beraubt.

Der Grund dafür ist, dass solche Soldaten ohne jede Zuneigung dienen und nur durch einen geringen Sold zum Waffendienst verpflichtet werden, ein Grund, der sie nicht dazu bewegen kann, für denjenigen zu sterben, der sie einsetzt. Sie wollen zwar Soldaten sein, solange kein Krieg geführt wird, aber sobald er kommt, wissen sie nichts anderes, als zu fliehen und zu desertieren.

Das ist es, was ich mit wenig Mühe zu überzeugen vermag. Es ist nämlich offensichtlich, dass der gegenwärtige Ruin Italiens darauf zurückzuführen ist, dass man sich dort über einen langen Zeitraum von Jahren auf Söldnertruppen verlassen hat, die einige zuerst mit einigem Erfolg eingesetzt hatten und die tapfer erschienen, solange sie nur miteinander zu tun hatten, die sich aber, sobald ein Fremder auftauchte, als das erwiesen, was sie tatsächlich waren. Daraus folgt, dass es dem französischen König Karl VIII. leicht fiel, Italien mit der Kreide in der Hand zu erobern[5]; und wer sagte, dass unsere Sünden die Ursache dafür waren, hatte Recht; aber diese Sünden waren die, die ich gerade dargelegt habe, und nicht die, die er meinte. Diese Sünden waren von den Fürsten begangen worden, und auch sie hatten die Strafe zu tragen.

Ich möchte jedoch mehr und mehr das Unglück aufzeigen, das mit dieser Art von Waffen verbunden ist. Wenn sie gute Krieger sind, kann man sich nicht auf sie verlassen, denn sie streben nur nach ihrer eigenen Größe, indem sie entweder den Fürsten, der sie beschäftigt, oder andere gegen seinen Willen unterdrücken.

Wenn man sagt, dass dies auch für jeden anderen Anführer, ob Söldner oder nicht, gilt, so antworte ich, dass der Krieg entweder von einem Fürsten oder von einer Republik geführt wird; dass der Fürst persönlich hingehen muss, um das Amt des Befehlshabers zu übernehmen, und dass die Republik ihre eigenen Bürger dorthin schicken muss; dass sie, wenn der von ihr Ausgewählte sich zunächst nicht als geschickt erweist, ihn auswechseln muss; und dass sie, wenn er geschickt ist, ihn durch Gesetze so zügeln muss, dass er die Grenzen seines Auftrags nicht überschreitet.

Die Erfahrung hat gezeigt, dass Fürsten und Republiken, die mit eigenen Kräften Krieg führen, allein große Erfolge erzielen und dass Söldnertruppen immer nur Schaden anrichten. Sie beweist auch, dass eine Republik, die ihre eigenen Waffen einsetzt, weit weniger Gefahr läuft, von einem ihrer Bürger unterworfen zu werden, als eine Republik, die sich fremder Waffen bedient.

Rom und Sparta lebten viele Jahrhunderte lang frei und bewaffnet; die Schweiz, deren Einwohner alle Soldaten sind, lebt vollkommen frei.

Was die Söldnertruppen betrifft, so gibt es in der Antike das Beispiel der Karthager, die nach ihrem ersten Krieg gegen Rom kurz davor standen, von den Truppen, die sie in ihren Diensten hatten, unterdrückt zu werden, obwohl sie von Bürgern Karthagos befehligt wurden.

Man kann noch anmerken, dass die Thebaner nach dem Tod des Epaminondas Philipp von Makedonien das Kommando über ihre Truppen übertrugen und dass dieser Prinz den Sieg nutzte, um ihnen ihre Freiheit zu rauben.

In der Neuzeit befanden sich die Mailänder nach dem Tod ihres Herzogs Philipp Visconti im Krieg mit den Venezianern und nahmen Francesco Sforza in ihren Sold.

Der Vater desselben Sforza hatte im Dienst der Königin Johanna von Neapel gestanden und sie plötzlich ohne Truppen zurückgelassen, sodass die Prinzessin, um ihr Königreich nicht zu verlieren, gezwungen war, sich in die Arme des Königs von Aragon zu werfen.

Wenn die Venezianer und Florentiner durch den Einsatz solcher Truppen ihre Staaten dennoch vergrößerten und die Befehlshaber sie nicht unterwarfen, sondern verteidigten, so antworte ich für die Florentiner, dass sie dies ihrem Glück verdankten, das bewirkte, dass von allen fähigen Generälen, die sie hatten und fürchten konnten, einige nicht siegten, andere auf Hindernisse stießen und wieder andere ihren Ehrgeiz anderswohin richteten.

Einer der ersten war Giovanni Acuto, dessen Treue, weil er nicht gesiegt hatte, nicht auf die Probe gestellt wurde; aber man muss zugeben, dass die Florentiner, wenn er den Sieg errungen hätte, in seinem Ermessen geblieben wären.

Sforza war verärgert über die Rivalität der Braccios, die dazu führte, dass sie sich gegenseitig im Zaum hielten.

Schließlich wandten Francesco Sforza und Braccio ihre ehrgeizigen Ansichten um, der eine auf die Lombardei, der andere auf die Kirche und das Königreich Neapel.

Aber schauen wir uns an, was vor kurzem passiert ist.

Die Florentiner hatten Paolo Vitelli zu ihrem General gemacht, einen fähigen Mann, der sich von einem einfachen Privatmann zu einem sehr hohen Ansehen hochgearbeitet hatte. Wenn es diesem General gelungen wäre, Pisa zu erobern, hätten sie sich in seiner Abhängigkeit befunden, denn wenn er zu ihren Feinden übergelaufen wäre, hätten sie keine Mittel mehr gehabt.

Wenn man die Fortschritte der Venezianer genau betrachtet, wird man feststellen, dass sie glücklich und ruhmreich handelten, solange sie selbst Krieg führten, d. h. bevor sie ihre Unternehmungen auf das Festland verlegten. In dieser frühen Zeit waren es die Gentlemen und die bewaffneten Bürger, die kämpften; aber sobald sie anfingen, ihre Waffen auf dem Festland zu tragen, entarteten sie von dieser alten Tugend und folgten den Bräuchen Italiens. Zunächst und im Prinzip ihrer Vergrößerung hatten sie von ihren Befehlshabern wenig zu befürchten, da ihr Gebiet nicht sehr groß und ihr Ruf sehr groß war; aber als ihr Staat wuchs, bekamen sie bald die Auswirkungen des allgemeinen Irrtums zu spüren: das war unter Carmignuola. Sie hatten durch die Siege, die er unter seinem Kommando über den Herzog von Mailand errungen hatte, von seiner großen Tapferkeit erfahren, sahen aber andererseits, dass er nur noch sehr kaltblütig Krieg führte, und waren der Meinung, dass sie nicht mehr siegen könnten, solange er lebte.

In der Folgezeit hatten sie Bartolommeo von Bergamo, Roberto da San Severino, den Grafen von Pittigliano und ähnliche Hauptleute als Kommandanten. Sie alle gaben jedoch weniger Anlass, sich vor ihren Siegen zu fürchten, als vor Niederlagen wie der von Vailà, die an einem einzigen Tag dazu führte, dass die Venezianer die Früchte von achthundert Jahren Arbeit verloren.

Da ich nun aber Beispiele aus Italien angeführt habe, wo das System der

Söldnertruppen seit vielen Jahren vorherrscht, möchte ich die Dinge von oben aufrollen, damit man, wenn man über den Ursprung und die Fortschritte dieses Systems unterrichtet ist, besser dagegen vorgehen kann.

Als in der letzten Zeit das Reich aus Italien zurückgedrängt wurde und der Papst in weltlichen Angelegenheiten mehr Ansehen erlangte, teilte sich Italien in eine große Anzahl von Staaten. Mehrere große Städte griffen gegen ihre Adligen, die sie im Schatten der kaiserlichen Autorität unterdrückten, zu den Waffen und machten sich unabhängig, wobei sie von der Kirche begünstigt wurden, die versuchte, ihren gewonnenen Kredit zu erweitern. In vielen anderen Städten wurde die höchste Macht an sich gerissen oder von einem Bürger erlangt, der sich dort zum Fürsten machte. Dadurch geriet der größte Teil Italiens in die Abhängigkeit und in gewisser Weise unter die Herrschaft der Kirche oder einer Republik, und da die Priester, die friedlichen Bürger, keine Ahnung vom Umgang mit Waffen hatten, begann man, Fremde als Soldaten einzusetzen. Der erste, der diese Art von Miliz einführte, war Alberigo da Como, ein gebürtiger Romagna: Unter seiner Disziplin bildeten sich unter anderem Braccio und Sforza, die zu ihrer Zeit die Schiedsrichter Italiens waren, und nach ihnen folgten alle, die bis zum heutigen Tag das Kommando über seine Armeen in ihren Händen hielten.

Der Weg, den sie einschlugen, um sich einen guten Ruf zu verschaffen, bestand darin, die Infanterie zu verunglimpfen. Einerseits hätte ihnen eine kleine Zahl von Infanteristen kein großes Ansehen eingebracht, andererseits hatten sie, da sie keinen Staat besaßen und nur von ihrer Industrie lebten, nicht die Mittel, um viele Infanteristen zu unterhalten. Sie hatten sich daher auf Kavallerie beschränkt, von der eine mittelmäßige Menge ausreichte, um gut besoldet und geehrt zu werden, und so waren die Dinge so weit gekommen, dass es unter einer Armee von zwanzigtausend Mann nicht einmal zweitausend Infanteristen gab.

Sie ersparten sich und ihren Soldaten Mühen und Gefahren, indem sie keine Gefangenen machten und keine Menschen töteten: Sie töteten sich nicht gegenseitig im Kampf, sondern machten nur Gefangene, die sie ohne Lösegeld zurückschickten; wenn sie einen Ort belagerten, griffen sie nicht bei Nacht an; die Belagerten nutzten die Dunkelheit nicht aus, um auszubrechen; sie legten um ihr Lager weder Gräben noch Palisaden an; schließlich hielten sie das Feld nie im Winter offen. All dies entsprach der Ordnung ihrer militärischen Disziplin, die sie sich eigens ausgedacht hatten, um Gefahren und Arbeit zu vermeiden, durch die sie aber auch Italien in die Sklaverei und Erniedrigung führten.

KAPITEL XIII. Hilfstruppen, gemischte und eigene Truppen

Die Hilfswaffen, von denen wir gesagt haben, dass sie ebenso nutzlos sind, sind die eines mächtigen Staates, den ein anderer Staat zu seiner Hilfe und Verteidigung ruft. So kam es, dass Papst Julius II. in der letzten Zeit, nachdem er bei seinem Unternehmen gegen Ferrara die traurige Erfahrung mit Söldnerwaffen gemacht hatte, auf Hilfstruppen zurückgriff und mit Ferdinand, dem König von Spanien, verhandelte, damit dieser ihn mit seinen Truppen unterstützte.

Denn wenn sie besiegt werden, ist er selbst besiegt, und wenn sie siegen, bleibt er in ihrer Abhängigkeit.

In der älteren Geschichte gibt es viele Beispiele dafür, aber wir wollen einen Moment bei Julius II. verweilen, der noch nicht lange her ist.

Der Entschluss, sich in die Hände eines Fremden zu begeben, um Ferrara zu erobern, war zweifellos sehr unüberlegt. Seine Helfer wurden bei Ravenna besiegt, und dann kamen die Schweizer, die die Sieger wider Erwarten vertrieben, so dass er weder von diesen, die seine Feinde waren, noch von seinen Helfern gefangen genommen wurde.

Die Florentiner, die sich unbewaffnet fanden, nahmen zehntausend Franzosen als Sold und führten sie nach Pisa, das sie in ihre Gewalt bringen wollten.

Um seinen Feinden zu widerstehen, führte der Kaiser von Konstantinopel zehntausend Türken in Griechenland ein, die, als der Krieg zu Ende war, nicht mehr abziehen wollten: Es war diese verhängnisvolle Maßnahme, die begann, die Griechen unter das Joch der Ungläubigen zu beugen.

Wenn Sie also nicht gewinnen können, setzen Sie Hilfstruppen ein, die noch viel gefährlicher sind als die Söldner. Mit ersteren ist Ihr Untergang bereits vorbereitet, denn diese Truppen sind alle vereint und alle darauf trainiert, einem anderen als Ihnen zu gehorchen; wohingegen die Söldner, um gegen Sie vorzugehen und Ihnen zu schaden, nachdem sie gesiegt haben, mehr Zeit und eine günstigere Gelegenheit benötigen, denn sie sind kein einziger Körper; Sie haben sie zusammengestellt, Sie bezahlen sie. Wer auch immer der Anführer sein mag, den ihr ihnen gegeben habt, es ist nicht möglich, dass er sofort eine solche Macht über sie gewinnt, dass er sie gegen euch verwenden kann. Mit einem Wort: Was man bei Söldnertruppen fürchten muss, ist ihre Feigheit; bei Hilfstruppen ist es ihre Tapferkeit. Kluge Fürsten haben sich daher immer dagegen gesträubt, diese beiden Arten von Truppen einzusetzen, und haben ihre eigenen Kräfte vorgezogen, weil sie lieber mit diesen geschlagen werden wollten, als mit fremden zu siegen.

Ich zögere nicht, hier noch einmal Cäsar Borgia und seine Handlungsweise zu erwähnen. Dieser Herzog betrat die Romagna mit Hilfstruppen, die nur aus französischen Truppen bestanden, und eroberte Imola und Forlì; aber bald hielt er diese Truppen für unsicher und griff auf Söldner zurück, in denen er weniger Gefahr sah, und nahm daher die Orsini und die Vitelli in seinen Sold. Als er sie jedoch einsetzte, stellte er fest, dass sie unsicher, treulos und gefährlich waren, und entschied sich, sie zu vernichten und nur noch auf seine eigenen Leute zurückzugreifen.

Der Unterschied zwischen diesen verschiedenen Waffengattungen wurde durch den Unterschied zwischen dem Ansehen, das der Herzog genoss, als er sich der Orsini und Vitelli bediente, und dem Ansehen, das er genoss, als er sich nur noch auf sich selbst und seine eigenen Soldaten verließ, deutlich: Dieses nahm immer mehr zu, und nie wurde er mehr beachtet, als wenn alle Welt ihn als absoluten Herrscher über seine Waffen sah.

Ich wollte mich auf die jüngsten Beispiele aus Italien beschränken, aber ich kann den bereits erwähnten Hieronymus von Syrakus nicht verschweigen. Er wurde von den Syrakusanern an die Spitze ihrer Armee gestellt und erkannte bald die Nutzlosigkeit der Söldnertruppen, die sie besoldeten und deren Anführer in jeder Hinsicht den Condottieri ähnelten, die wir in Italien hatten. Er war überzeugt, dass er diese Anführer weder behalten noch entlassen konnte, und ließ sie in Stücke reißen.

Es ist mir erlaubt, an dieser Stelle noch einmal auf eine Begebenheit aus dem Alten Testament hinzuweisen, die man als Bild zu diesem Thema betrachten kann. David wollte gegen den Philister Goliath kämpfen, der die Israeliten herausforderte, und Saul wollte ihn ermutigen, indem er ihn mit seinen eigenen Waffen ausstattete. David aber, nachdem er sie ausprobiert hatte, lehnte sie ab und sagte, sie würden seine eigenen Kräfte behindern, und er wolle dem Feind nur mit seiner Schleuder und seinem Messer entgegentreten. Denn fremde Waffen sind entweder zu breit, um gut auf dem eigenen Körper zu sitzen, oder sie ermüden ihn durch ihr Gewicht, oder sie drücken ihn zusammen und behindern seine Bewegungen.

Karl VII., der Vater Ludwigs XI., hatte Frankreich durch sein Vermögen und seine Tapferkeit von den Engländern befreit, erkannte die Notwendigkeit eigener Streitkräfte und bildete in seinem Königreich geregelte Kompanien aus Gendarmen und Fußsoldaten. Sein Sohn Ludwig schaffte später die Infanterie ab und begann, Schweizer in seinen Sold zu nehmen; aber dieser Fehler, der andere nach sich zog, war, wie wir sehen, die Ursache für die Gefahren, denen Frankreich ausgesetzt war. Denn indem Ludwig die Schweizer in Ehren hielt, vernichtete er gewissermaßen alle seine eigenen Truppen: zuerst vernichtete er die Infanterie vollständig; und was die Gendarmerie betrifft, so machte er sie von den Waffen anderer abhängig, indem er sie so sehr daran gewöhnte, nur zusammen mit den Schweizern zu kämpfen, dass sie nicht mehr glaubte, ohne sie siegen zu können. Daher kommt es auch, dass die Franzosen nicht gegen die Schweizer bestehen können und dass sie ohne die Schweizer nicht gegen andere Truppen bestehen können. Das macht sie zweifellos viel besser als Armeen, die ganz aus Söldnern oder Hilfstruppen bestehen, aber sehr viel schlechter als Armeen, die nur aus nationalen Truppen bestehen.

Wäre die von Karl VII. geschaffene Ordnung beibehalten und verbessert worden, wäre Frankreich unbesiegbar geworden. Aber die schwache menschliche Klugheit lässt sich von der scheinbaren Güte verführen, die in vielen Dingen das in ihnen enthaltene Gift bedeckt, das man erst später erkennt, wie in jenen Erstickungsfieber, von denen ich zuvor gesprochen habe. Doch der Fürst, der das Böse nur dann zu sehen vermag, wenn es sich allen Augen zeigt, ist nicht mit jener Geschicklichkeit begabt, die nur wenigen Menschen gegeben ist.

Die Hauptursache für den Untergang des Römischen Reiches lag in der Einführung des Brauchs, Goten als Sold zu nehmen, denn dadurch wurden die nationalen Truppen entkräftet, so dass der gesamte Wert, den sie verloren, den Barbaren zum Vorteil gereichte.

Ich schließe daraus, dass kein Fürst sicher ist, wenn er nicht über eigene Kräfte verfügt: Da er dem Unglück schutzlos ausgeliefert ist, hängt sein Schicksal vollständig vom Glück ab. Nun haben aufgeklärte Menschen immer gedacht und gesagt, dass es nichts so Schwaches und Flüchtiges gibt wie einen Kredit, der nicht auf unserer eigenen Kraft beruht.

Diejenigen, die aus Bürgern, Untertanen und Geschöpfen des Fürsten bestehen, nenne ich im Übrigen eigene Streitkräfte. Alle anderen sind entweder Söldner oder Hilfstruppen.

Und was die Mittel und Wege betrifft, diese eigenen Streitkräfte zu haben, so wird man sie leicht finden, wenn man über die Einrichtungen nachdenkt, von denen ich Gelegenheit hatte zu sprechen. Man wird sehen, wie Philipp, der Vater Alexanders des Großen, und wie viele andere Fürsten und Republiken es verstanden hatten, sich nationale Truppen zu geben und sie zu organisieren. Ich beziehe mich auf die Lehre, die man aus diesen Beispielen ziehen kann.

KAPITEL XIV. Die Aufgaben, die dem Fürsten in Bezug auf die Miliz zukommen.

Der Krieg, die Institutionen und Regeln, die ihn betreffen, sind der einzige Gegenstand, dem ein Fürst seine Gedanken und sein Bemühen widmen sollte, und von dem er sein Handwerk verstehen sollte; das ist der wahre Beruf eines jeden Regierenden; und durch ihn können nicht nur die, die als Fürsten geboren wurden, sich halten, sondern auch die, die als einfache Bürger geboren wurden, können oftmals Fürsten werden. Man hat gesehen, wie Herrscher ihre Staaten verloren haben, weil sie die Waffen vernachlässigten und die Süßigkeiten der Weichheit vorzogen. Die Kriegskunst zu verachten, ist der erste Schritt zum Untergang; sie perfekt zu beherrschen, ist das Mittel, um zur Macht aufzusteigen. Es war der ständige Umgang mit Waffen, der Francesco Sforza von einem einfachen Privatmann zum Herzog von Mailand machte.

Eine der unangenehmen Folgen der Vernachlässigung der Waffen für einen Prinzen ist, dass man ihn verachtet; vor dieser Schande muss er sich in jeder Hinsicht schützen, wie ich im Folgenden erläutern werde. Er ist in der Tat wie ein unbewaffneter Mann, zwischen dem und einem bewaffneten Mann ein gewaltiges Missverhältnis besteht. Es ist auch nicht natürlich, dass der letztere dem anderen gerne gehorcht, und ein unbewaffneter Herr kann unter Dienern, die Waffen haben, niemals sicher sein: Der eine wird von Trotz geplagt, der andere von Argwohn, und Männer, die von solchen Gefühlen getrieben werden, können nicht gut zusammenleben. Kann ein Fürst, der nichts von der Kriegskunst versteht, von seinen Soldaten geschätzt werden und Vertrauen in sie haben? Er muss sich also ständig mit dieser Kunst beschäftigen und sich hauptsächlich im Frieden damit beschäftigen, was er auf zwei Arten tun kann, nämlich indem er seinen Körper und seinen Geist gleichermaßen trainiert. Den Körper soll er erstens durch gutes Manövrieren seiner Truppen trainieren und zweitens durch die Jagd, die ihn gegen Müdigkeit abhärtet und ihn gleichzeitig lehrt, die Lage der Orte, die Höhe der Berge, die Richtung der Täler, die Lage der Ebenen, die Natur der Flüsse und

Sümpfe zu kennen, alles Dinge, denen er die größte Aufmerksamkeit schenken muss.

Der erste ist, dass er, wenn er sein Land gut kennt, es viel besser verteidigen kann; der zweite ist, dass die Kenntnis eines Landes die Kenntnis eines anderen Landes, das man vielleicht studieren muss, viel leichter macht; denn zum Beispiel haben die Berge, Täler, Ebenen und Flüsse der Toskana eine große Ähnlichkeit mit denen der anderen Länder. Diese Kenntnis ist übrigens sehr wichtig, und einem Prinzen, der sie nicht besitzt, fehlt eine der ersten Eigenschaften, die ein Hauptmann haben muss; denn durch sie kann er den Feind entdecken, seine Unterkünfte beziehen, den Marsch seiner Truppen leiten, Vorkehrungen für eine Schlacht treffen und die Plätze mit Vorteil belagern.

Philopœmen, der Anführer der Achäer, wurde von den Geschichtsschreibern vor allem dafür gelobt, dass er nie etwas anderes als die Kriegskunst im Sinn hatte. Wenn er mit seinen Freunden durch die Lande zog, blieb er oft stehen und löste Fragen, die er ihnen stellte, wie z. B.: "Wenn der Feind auf diesem Hügel wäre und wir hier, wer wäre dann besser postiert? Wie könnten wir sicher und ohne Unordnung in unseren Reihen zu ihm vordringen? Wenn wir uns zurückziehen müssten, wie würden wir es tun? Wenn er sich selbst zurückzöge, wie könnten wir ihn verfolgen?" So kam es, dass er sich auf seinem Weg mit ihnen über die verschiedenen Kriegsunfälle, die sich ereignen können, unterrichtete, ihre Meinungen einholte, seine eigene darlegte und sie mit verschiedenen Argumenten untermauerte. Das Ergebnis dieser ständigen Aufmerksamkeit war, dass bei der Führung der Armeen kein Unfall eintreten konnte, den er nicht sofort zu beheben wusste.

Was die Übung des Geistes betrifft, so sollte der Fürst die Geschichtsschreiber lesen, die Taten berühmter Männer betrachten, ihr Verhalten im Krieg untersuchen, die Gründe für ihre Siege und ihre Niederlagen erforschen und so studieren, was er nachahmen und was er meiden sollte. Vor allem sollte er das tun, was viele große Männer getan haben, die sich einen berühmten antiken Helden zum Vorbild nahmen und dessen Taten und Verhalten ständig vor Augen hatten und sich daran orientierten. So heißt es, dass Alexander der Große Achilles nachahmte,

Cäsar Alexander nachahmte und Scipio sich Cyrus zum Vorbild nahm. Denn wer Xenophons Leben des Kyros gelesen hat, wird in Scipios Leben finden, wie sehr die Nachahmung, die er sich vorgenommen hatte, zu seinem Ruhm beitrug, und wie sehr er sich in Bezug auf Keuschheit, Leutseligkeit, Menschlichkeit und Liberalität an all das hielt, was Xenophon in seiner Kyropädie über sein Vorbild gesagt hatte.

Das ist es, was ein weiser Fürst tun soll, und wie er während des Friedens nicht müßig sein, sondern sich gegen die Zufälle des Glücks schützen kann, so dass er, wenn es ihm zuwider ist, sich in der Lage befindet, seinen Schlägen zu widerstehen.

KAPITEL XV. Von den Dingen, für die alle Menschen, besonders aber die Fürsten, gelobt oder getadelt werden.

Es bleibt noch zu untersuchen, wie ein Prinz sie nutzen und sich verhalten soll, sei es gegenüber seinen Untertanen oder gegenüber seinen Freunden. So viele Schriftsteller haben darüber gesprochen, dass man mich vielleicht der Anmaßung bezichtigen wird, wenn ich noch darüber spreche; umso mehr, als ich bei der Behandlung dieses Themas von der allgemeinen Straße abweichen werde. Aber in meinem Bestreben, etwas Nützliches für den Leser zu schreiben, hielt ich es für besser, mich auf die Realität zu beschränken, als mich in leeren Spekulationen zu ergehen.

Viele Menschen haben sich Republiken und Fürstentümer vorgestellt, wie man sie noch nie gesehen oder gekannt hat. Aber was nützen solche Vorstellungen? Die Art und Weise, wie man lebt, ist so weit von der Art und Weise entfernt, wie man leben sollte, dass man, wenn man nur die letztere studiert, eher lernt, sich zu ruinieren als sich zu erhalten; und wer sich in allem und überall als guter Mensch erweisen will, kann nicht umhin, inmitten von so vielen Bösen umzukommen.

Ein Fürst, der sich erhalten will, muss also lernen, nicht immer gut zu sein, sondern es je nach Notwendigkeit gut oder schlecht zu gebrauchen.

Ich lasse also alles stehen und liegen, was man sich über die Pflichten der Fürsten ausgedacht hat, und halte mich an die Realität. Ich sage, dass man allen Menschen, wenn man von ihnen spricht, und vor allem den Fürsten, die mehr im Rampenlicht stehen, eine der folgenden Eigenschaften zuschreibt, die man als charakteristisches Merkmal anführt und für die man sie lobt oder tadelt. So gilt der eine als großzügig, der andere als elend (ich verwende hier einen toskanischen Ausdruck, denn in unserer Sprache ist der Geizhals derjenige, der gierig ist und zum Raub neigt, und wir nennen denjenigen elend (misero), der sich zu sehr vom Gebrauch seines Besitzes zurückhält); der eine ist wohltätig, der andere gierig; der eine grausam, der andere mitfühlend; der eine ist untreu, der andere mitleidig; Der eine ist ohne Glauben, der andere treu; der eine ist verweichlicht und ängstlich, der andere fest und mutig; der eine ist gutmütig, der andere stolz; der eine ist liederlich, der andere keusch; der eine ist ehrlich, der andere listig; der eine ist hart, der andere leicht; der eine ist ernst, der andere leicht; der eine ist religiös, der andere ungläubig usw.

Es wäre zweifellos sehr schön, und jeder wird mir zustimmen, wenn alle guten Eigenschaften, die ich soeben aufgezählt habe, in einem Prinzen vereint wären. Da dies aber kaum möglich ist und der menschliche Zustand es nicht erfordert, muss er zumindest die Klugheit besitzen, die schändlichen Laster zu meiden, die ihn seine Staaten verlieren lassen würden. Was die anderen Laster betrifft, so rate ich ihm, sie zu meiden, wenn er kann; wenn er aber nicht kann, so ist es kein großer Nachteil, wenn er sich ihnen mit weniger Zurückhaltung hingibt; er darf nicht einmal befürchten, dass ihm gewisse Mängel, ohne die er sich schwerlich erhalten könnte, zur Last gelegt werden; Denn wenn man die Dinge genau betrachtet, wird man feststellen, dass, wie es bestimmte Eigenschaften gibt, die Tugenden zu sein scheinen und die den Untergang des Prinzen bedeuten würden, es auch andere gibt, die Laster zu sein scheinen, aus denen aber dennoch seine Erhaltung und sein Wohlergehen resultieren können.

KAPITEL XVI. Von Freigebigkeit und Geiz.

Ich beginne mit den ersten beiden oben genannten Eigenschaften und sage, dass es für einen Fürsten gut wäre, als freigebig zu gelten; doch kann die Freigebigkeit so ausgeübt werden, dass sie ihm nur schadet und keinen Nutzen bringt.

Wenn ein Fürst sich in der Welt den Ruf eines Liberalen erwerben will, muss er notwendigerweise jede Art von Prunk sparen, was ihn dazu zwingt, seine Schatzkammer durch diese Art von Ausgaben zu erschöpfen. Daraus folgt, dass er, um den Ruf, den er sich erworben hat, aufrechtzuerhalten, schließlich gezwungen sein wird, sein Volk mit außerordentlichen Lasten zu belasten, fiskalisch zu werden und mit einem Wort, alles zu tun, was man tun kann, um Geld zu bekommen. So begann er bald, seinen Untertanen verhasst zu werden, und in dem Maße, in dem er verarmte, wurde er weit weniger angesehen. Wenn er also durch seine Freigebigkeit nur wenige begünstigt und sehr viele verärgert hat, wird die geringste Verlegenheit für ihn beträchtlich sein, und der geringste Rückschlag wird ihn in Gefahr bringen, denn wenn er seinen Fehler erkennt und sich zurückziehen will, wird er sofort die Schande sehen, die mit dem Namen Geizhals verbunden ist.

Da der Fürst also die Freigebigkeit nicht ohne unangenehme Folgen so ausüben kann, dass sie allgemein bekannt wird, muss er, wenn er einigermaßen vorsichtig ist, den Ruf des Geizes nicht allzu sehr fürchten, zumal er mit der Zeit von Tag zu Tag den des Freigebigen erwerben wird. Wenn er nämlich sieht, dass seine Einkünfte dank seiner Sparsamkeit ausreichen und dass er dadurch in die Lage versetzt wird, sich entweder gegen seine Feinde zu verteidigen oder nützliche Unternehmungen durchzuführen, ohne sein Volk zu überlasten, wird er von allen, deren Zahl unendlich ist und von denen er nichts nimmt, als freigebig angesehen werden, und der Vorwurf des Geizes wird ihm nur von den wenigen gemacht werden, die nicht an seinen Gaben teilhaben.

In unserer Zeit haben wir große Dinge nur von jenen Fürsten ausführen sehen, die als geizig galten; alle anderen sind im Dunkeln geblieben. Papst Julius II. hatte sich, um das Papsttum zu erlangen, den Ruf der Liberalität erworben, aber er dachte nicht daran, ihn zu festigen, sondern nur daran, den Krieg gegen den König von Frankreich führen zu können, den er, wie auch viele andere, ohne außerordentliche Steuern führte, da seine ständige Sparsamkeit für alle Ausgaben sorgte. Hätte der heutige König von Spanien als liberal gegolten, so hätte er weder so viele Unternehmungen geplant noch durchgeführt.

Ein Fürst, der seine Untertanen nicht berauben will, um sich verteidigen zu können, und der sich nicht arm und verachtet machen will, damit er nicht räuberisch wird, muss wenig fürchten, dass man ihn der Habgier bezichtigt, da dies eine jener schlechten Eigenschaften ist, die ihn zum Herrscher machen.

Wenn man sagt, dass Caesar durch seine Freigebigkeit zum Kaiser wurde und dass der Ruf der Freigebigkeit viele Menschen in die höchsten Ränge gebracht hat, dann antworte ich: Entweder bist du schon tatsächlich ein Prinz oder du bist auf dem Weg, einer zu werden. Im ersten Fall ist die Liberalität schädlich für Sie, im zweiten Fall müssen Sie notwendigerweise in dem Ruf stehen, liberal zu sein, und in diesem zweiten Fall befand sich Cäsar, der nach der souveränen Macht in Rom strebte. Wenn er aber, nachdem er sie erreicht hatte, noch lange gelebt und seine Ausgaben nicht gezügelt hätte, hätte er sein Reich selbst gestürzt.

Wenn man darauf besteht und sagt, dass viele Fürsten mit ihren Armeen regiert und große Dinge vollbracht haben, obwohl sie den Ruf hatten, sehr liberal zu sein, dann antworte ich: Der Fürst gibt entweder von seinem eigenen Wohl und dem seiner Untertanen oder von dem Wohl anderer aus.

Ein Fürst, der mit seinen Heeren auf Eroberungszug geht, um von Raub, Plünderung und Abgaben zu leben und das Eigentum anderer zu nutzen, braucht Freigebigkeit, denn ohne sie würden ihm seine Soldaten nicht folgen. Nichts hindert ihn auch daran, wie Kyros, Cäsar und Alexander großzügig mit dem umzugehen, was weder ihm selbst noch seinen Untertanen gehört. Wenn er mit dem Gut anderer verschwenderisch umgeht, muss er nicht befürchten, dass sein Ansehen sinkt, sondern kann es nur steigern.

Schließlich frisst sich die Liberalität mehr als alles andere selbst auf, denn je mehr man sie ausübt, desto mehr verliert man die Fähigkeit, sie weiter auszuüben: Man wird arm, verachtet oder raubgierig und gehässig. Verachtung und Hass sind zweifellos die Klippen, vor denen sich ein Fürst am meisten schützen muss. Liberalität führt unweigerlich zu beidem. Es ist daher klüger, sich als Geizhals bezeichnen zu lassen, der nur Verachtung und keinen Hass auf sich zieht, als sich, um diesen Namen zu vermeiden, als Raubvogel bezeichnen zu lassen, der Verachtung und Hass gleichermaßen hervorruft.

KAPITEL XVII. Von Grausamkeit und Milde und ob es besser ist, geliebt als gefürchtet zu werden.

In Anlehnung an die anderen zuvor genannten Eigenschaften sage ich, dass jeder Fürst danach streben sollte, als mild und nicht als grausam zu gelten. Man muss jedoch aufpassen, dass man die Milde nicht falsch anwendet. Cäsar Borgia galt als grausam, aber seine Grausamkeit stellte die Ordnung und Einheit in der Romagna wieder her, brachte Ruhe und Gehorsam. Um den Vorwurf der Grausamkeit zu vermeiden, ließ er die Stadt Pistoia zerstören.

Ein Fürst darf sich also nicht vor diesem Vorwurf fürchten, wenn es darum geht, seine Untertanen in Einigkeit und Treue zu halten. Denn diese Unruhen verletzen die ganze Gesellschaft, während die vom Fürsten verordnete Härte nur auf Einzelne fällt.

Aber besonders einem neuen Fürsten kann man unmöglich Grausamkeit vorwerfen, weil in neuen Staaten die Gefahren sehr viel größer sind. Das ist auch der Grund, den Virgil Dido in den Mund legt, wenn er sie sagen lässt, um die Strenge ihrer Regierung zu entschuldigen:

Res dura et regni novitas me talia cogunt

Moliri, et late fines custode tueri.

VIRGILES, Æneid., lib. 1.

Er soll aber nur mit großer Reife glauben und handeln, sich selbst nicht ängstigen und in allem den Rat der Klugheit, gemildert durch den der Menschlichkeit, befolgen, so dass er nicht durch zu viel Vertrauen unberechenbar wird und ein übermäßiges Misstrauen ihn nicht unerträglich macht.

Daraufhin wurde die Frage aufgeworfen: Ist es besser, geliebt als gefürchtet zu werden, oder besser, gefürchtet als geliebt zu werden?

Man könnte antworten, dass es am besten wäre, beides zu sein. Da es aber sehr schwierig ist, dass beide Dinge zusammen existieren, sage ich, dass es sicherer ist, gefürchtet als geliebt zu werden, wenn das eine fehlt. Denn man kann von den Menschen allgemein sagen, dass sie undankbar, wankelmütig, verdeckt, zitternd vor Gefahren und gierig nach Gewinn sind; dass sie, solange du ihnen Gutes tust, dir gehören, dass sie dir ihr Blut, ihre Güter, ihr Leben und ihre Kinder anbieten, solange, wie ich schon sagte, die Gefahr nur in der Ferne lauert, dass sie sich aber, wenn sie naht, schnell abwendet. Ein Fürst, der sich völlig auf ihr Wort verließ und in diesem Vertrauen keine anderen Maßnahmen ergriff, würde bald verloren sein; denn all diese Freundschaften, die durch Großzügigkeit erkauft und nicht aus Großzügigkeit und Seelengröße gewährt werden, sind zwar manchmal wohlverdient, aber man besitzt sie nicht wirklich; und wenn man sie einsetzen will, fehlen sie immer. Die Liebe wird durch ein Band der Dankbarkeit zusammengehalten, das für die menschliche Verderbtheit sehr schwach ist und dem geringsten Motiv des Eigennutzes nachgibt.

Ein Fürst, der gefürchtet werden will, muss jedoch so vorgehen, dass er, wenn er nicht die Zuneigung gewinnt, auch nicht den Hass auf sich zieht, was übrigens nicht unmöglich ist; denn man kann sehr wohl gleichzeitig gefürchtet und nicht gehasst werden, und das wird ihm auch sicher gelingen, wenn er es unterlässt, entweder das Eigentum seiner Untertanen oder die Ehre ihrer Frauen anzugreifen. Wenn er jemanden töten muss, soll er sich nur dann dazu entschließen, wenn es einen offensichtlichen Grund dafür gibt und die Härte gerechtfertigt erscheint. Vor allem aber muss er sich umso sorgfältiger davor hüten, das Eigentum anzugreifen, da die Menschen den Tod selbst eines Vaters eher vergessen als den Verlust ihres Vermögens, und da er außerdem häufiger Gelegenheit dazu haben wird. Ein Fürst, der einmal Raubbau getrieben hat, findet immer Gründe und Mittel, um sich des Eigentums seiner Untertanen zu bemächtigen, die er nur seltener hat, um ihr Blut zu vergießen.

Wenn ein Fürst an der Spitze seiner Truppen steht und über eine große Anzahl von Soldaten gebietet, sollte er sich am wenigsten davor fürchten, für grausam gehalten zu werden, denn ohne diesen Ruf kann man ein Heer nicht in Ordnung und zu allen Unternehmungen bereit halten.

Unter den bewundernswerten Taten Annibals wurde besonders hervorgehoben, dass, obwohl sein Heer sehr zahlreich war und aus einer Mischung vieler verschiedener Arten von Menschen bestand, die auf fremdem Gebiet Krieg führten, es weder in guten noch in schlechten Zeiten zu einer Uneinigkeit unter den Truppen oder zu einer Auflehnung gegen den Feldherrn kam. Woher kam das? wenn nicht von jener übermäßigen Grausamkeit, die zusammen mit den anderen großen Eigenschaften Annibals ihn gleichzeitig zur Verehrung und zum Schrecken seiner Soldaten machte und ohne die alle seine anderen Eigenschaften unzureichend gewesen wären. Sie hatten also nicht viel nachgedacht, diese Schriftsteller, die auf der einen Seite die Taten dieses berühmten Mannes feierten und auf der anderen Seite das tadelten, was der Hauptgrund dafür gewesen war.

Um sich davon zu überzeugen, dass Annibalus' andere Eigenschaften nicht ausgereicht hätten, muss man sich nur ansehen, was Scipio widerfuhr, einem Mann, wie man ihn in der Neuzeit oder in der Geschichte aller bekannten Zeiten kaum finden kann. Die Truppen, die er in Spanien befehligte, erhoben sich gegen ihn, und diese Revolte konnte nur seiner übermäßigen Milde zugeschrieben werden, die den Soldaten viel mehr erlaubte, als es die militärische Disziplin erforderte. Dies war es auch, was Fabius Maximus ihm im Senat vorwarf, wo er ihn als Verderber der römischen Miliz bezeichnete.

Die Locrianer, die von einem seiner Leutnants gequält und ruiniert worden waren, konnten von ihm keine Rache erhalten, und die Anmaßung des Leutnants wurde nicht gezügelt; auch das war eine Folge seiner leichtfertigen Natur. Daraufhin sagte jemand, der ihn im Senat anklagen wollte: "Es gibt Männer, die es besser verstehen, keine eigenen Fehler zu begehen, als die Fehler anderer zu korrigieren." Man kann auch glauben, dass diese extreme Sanftmut Scipios Ruhm und Ehre getrübt hätte, wenn er eine Zeit lang die höchste Macht ausgeübt hätte; aber glücklicherweise war er selbst den Befehlen des Senats unterworfen, so dass diese Eigenschaft, die von Natur aus schädlich war, in gewisser Weise verborgen blieb und ihm sogar noch ein Grund zum Lob war.

Da die Menschen lieben, wie sie wollen, und fürchten, wie der Fürst will, muss der Fürst eher auf das vertrauen, was von ihm abhängt, als auf das, was von anderen abhängt; er muss nur, wie gesagt, sorgfältig darauf achten, dass er keinen Hass auf sich zieht.

KAPITEL XVIII. Wie Prinzen ihr Wort halten sollen

Jeder versteht, wie lobenswert es für einen Prinzen ist, seinem Wort treu zu bleiben und immer offen und ohne Arglist zu handeln. In unserer Zeit haben wir jedoch gesehen, wie große Dinge von Fürsten ausgeführt wurden, die diese Treue gering schätzten und es verstanden, die Menschen mit List zu zwingen. Wir haben gesehen, wie diese Fürsten schließlich über diejenigen siegten, die die Treue als Grundlage ihres gesamten Verhaltens nahmen.

Man kann auf zwei Arten kämpfen: entweder mit Gesetzen oder mit Gewalt. Die erste ist dem Menschen eigen, die zweite ist die des Tieres; da diese aber oft nicht ausreicht, ist man gezwungen, auf die andere zurückzugreifen. Ein Fürst muss also wissen, wie er sich zu verhalten hat, sowohl wie ein Tier als auch wie ein Mensch. Dies lehrten die alten Schriftsteller allegorisch, indem sie berichteten, dass Achilles und viele andere Helden des Altertums dem Zentauren Chiron anvertraut worden waren, damit er sie ernähre und erziehe.

Denn damit und mit diesem Lehrer, der halb Mensch und halb Tier ist, wollten sie zum Ausdruck bringen, dass ein Fürst in gewisser Weise beide Naturen haben muss und dass die eine von der anderen unterstützt werden muss. Der Fürst, der als Tier handeln muss, wird sich bemühen, sowohl Fuchs als auch Löwe zu sein; denn wenn er nur Löwe ist, wird er die Fallen nicht erkennen; wenn er nur Fuchs ist, wird er sich nicht gegen die Wölfe verteidigen; und er muss auch Fuchs sein, um die Fallen zu erkennen, und Löwe, um die Wölfe zu erschrecken. Diejenigen, die einfach nur Löwen sind, sind sehr ungeschickt.

Ein kluger Fürst soll sein Versprechen nicht einlösen, wenn es ihm schaden würde und die Gründe, die ihn zum Versprechen bewogen haben, nicht mehr vorhanden sind. Es wäre zweifellos nicht gut, wenn die Menschen alle gute Menschen wären; aber da sie böse sind und ihr Wort sicher nicht halten würden, warum sollten Sie das Ihre halten? Und außerdem: Kann es einem Fürsten an legitimen Gründen fehlen, um die Nichterfüllung eines Versprechens zu kaschieren?

In diesem Zusammenhang kann man unzählige moderne Beispiele anführen und auf eine sehr große Zahl von Friedensverträgen und Abkommen aller Art verweisen, die durch die Untreue der Prinzen, die sie geschlossen hatten, sinnlos und nutzlos geworden sind. Diejenigen, die es am besten verstanden, wie ein Fuchs zu handeln, waren am erfolgreichsten.

Dazu ist es aber absolut notwendig, dass man diese Fuchsnatur gut zu tarnen weiß und die Kunst des Simulierens und Verbergens perfekt beherrscht. Die Menschen sind so verblendet und so sehr von der Not des Augenblicks getrieben, dass ein Täuscher immer jemanden findet, der sich täuschen lässt.

Unter den jüngsten Beispielen gibt es eines, das ich nicht verschweigen möchte.

Alexander VI. hat nie etwas anderes getan als zu täuschen; er dachte an nichts anderes und hatte immer die Gelegenheit und die Mittel dazu. Es gab nie einen Mann, der etwas mit größerer Sicherheit behauptete, der sein Wort auf mehr Eide stützte und sie mit weniger Skrupel einhielt.

Um also auf die oben genannten guten Eigenschaften zurückzukommen, ist es nicht unbedingt notwendig, dass ein Fürst sie alle besitzt, aber es ist notwendig, dass er sie zu haben scheint. Ich wage sogar zu sagen, dass, wenn er sie tatsächlich hätte und sie immer in seinem Verhalten zeigen würde, sie ihm schaden könnten; stattdessen ist es für ihn immer nützlich, den Anschein davon zu haben. Es ist zum Beispiel immer gut für ihn, milde, treu, menschlich, religiös, aufrichtig zu erscheinen; es ist sogar gut für ihn, all dies in Wirklichkeit zu sein; aber er muss sich gleichzeitig so weit beherrschen, dass er die entgegengesetzten Eigenschaften zeigen kann und weiß, wenn es nötig ist.

Es muss klar sein, dass es einem Fürsten, insbesondere einem neuen Fürsten, nicht möglich ist, in seinem Verhalten all das zu beachten, was die Menschen dazu veranlasst, als gute Menschen zu gelten, und dass er, um den Staat zu erhalten, oft gezwungen ist, gegen die Menschlichkeit, gegen die Nächstenliebe und sogar gegen die Religion zu handeln. Er muss also einen Geist haben, der flexibel genug ist, sich allen Dingen zuzuwenden, wie es der Wind und die Zufälle des Schicksals gebieten; er muss, wie ich schon sagte, solange er kann, nicht vom Weg des Guten abweichen, aber wenn es nötig ist, den Weg des Bösen zu betreten wissen.

Er muss auch sehr darauf achten, dass ihm kein Wort entschlüpft, das nicht die fünf genannten Eigenschaften ausstrahlt, so dass man, wenn man ihn sieht und hört, glaubt, er sei voll von Sanftmut, Aufrichtigkeit, Menschlichkeit, Ehre und vor allem von Religion, was wiederum das ist, worauf es am meisten ankommt: Denn die Menschen urteilen im Allgemeinen mehr mit den Augen als mit den Händen, da alle in Reichweite sind, um zu sehen, aber nur wenige, um zu berühren. Und diese wenigen werden es nicht wagen, sich gegen die Meinung der Mehrheit zu erheben, die noch durch die Majestät der souveränen Macht unterstützt wird.

Außerdem wird bei den Handlungen der Menschen, insbesondere der Fürsten, die nicht vor Gericht verhandelt werden können, nur das Ergebnis betrachtet. Wenn der Fürst also nur darauf bedacht ist, sein Leben und seinen Staat zu erhalten, dann werden alle seine Mittel, die er ergriffen hat, von allen als ehrenhaft angesehen und gelobt werden. Das gemeine Volk wird immer durch den Schein und das Ereignis verführt: Und macht nicht das gemeine Volk die Welt aus? Die Wenigen werden nur dann gehört, wenn die Vielen nicht wissen, welche Partei sie ergreifen oder worauf sie ihr Urteil stützen sollen.

In unserer Zeit haben wir einen Prinzen[7] gesehen, den man nicht nennen sollte, der niemals nur Frieden und guten Glauben predigte, der aber, wenn er immer beides geachtet hätte, seine Staaten und seinen Ruf zweifellos nicht behalten hätte.

KAPITEL XIX. Dass man es vermeiden soll, verachtet und gehasst zu werden.

Nachdem ich von den Eigenschaften, die ich zuerst genannt habe, diejenigen, die ich für die wichtigsten halte, besonders behandelt habe, werde ich von den anderen kürzer sprechen und mich auf diese Allgemeinheit beschränken, dass der Fürst alle Dinge, die ihn abscheulich und verächtlich machen könnten, sorgfältig vermeiden muss, damit er alles getan hat, was er zu tun hatte, und keine Gefahr mehr in anderen Vorwürfen findet, denen er ausgesetzt sein könnte.

Was ihn vor allem verabscheuungswürdig machen würde, wäre, wie ich bereits sagte, dass er raubgierig ist und entweder das Wohl seiner Untertanen oder die Ehre ihrer Frauen angreift. Sofern diese beiden Dinge, d. h. Besitz und Ehre, respektiert werden, sind die einfachen Menschen zufrieden, und man muss nur noch gegen den Ehrgeiz einiger weniger Individuen kämpfen, den man leicht und mit tausend Mitteln unterdrücken kann.

Was verachtet werden kann, ist der Eindruck von Unbeständigkeit, Leichtigkeit, Schwäche, Kleinmut und Unentschlossenheit, von denen sich der Fürst wie von einer Klippe fernhalten soll, indem er dafür sorgt, dass man in all seinen Handlungen Größe, Mut, Ernsthaftigkeit und Festigkeit findet; Die Menschen sollen davon überzeugt sein, dass seine Entscheidungen unwiderruflich sind, und diese Überzeugung soll sich so in ihren Köpfen festsetzen, dass niemand daran denkt, ihn zu täuschen oder zu umgehen.

Der Prinz, der diese Idee von ihm hatte, ist hoch angesehen und es ist schwer, sich gegen jemanden zu verschwören, der ein solches Ansehen genießt; es ist sogar schwer, ihn anzugreifen, wenn man weiß, dass er große Qualitäten hat und von den Seinen geachtet wird.

Zwei Ängste müssen einen Fürsten beschäftigen: Das Innere seines Staates und das Verhalten seiner Untertanen sind der Gegenstand der einen; die Außenwelt und die Absichten der umliegenden Mächte sind der Gegenstand der anderen. Für die letztere ist das Mittel, um sich zu schützen, gute Waffen und gute Freunde zu haben; und man wird immer gute Freunde haben, wenn man gute Waffen hat: Und selbst wenn draußen etwas gegen ihn unternommen wird, wird er im Inneren, wie ich bereits gesagt habe, dass Nabis, der Tyrann von Sparta, sie gefunden hat, die Mittel finden, um jedem Angriff zu widerstehen, vorausgesetzt, dass er sich gemäß dem, was ich beobachtet habe, verhalten und regiert hat und dass er nicht den Mut verliert.

Was die Untertanen betrifft, so kann der Fürst, wenn er draußen ruhig ist, nur befürchten, dass sie sich heimlich gegen ihn verschwören; aber in dieser Hinsicht ist er bereits gut abgesichert, wenn er es vermieden hat, gehasst und verachtet zu werden, und dafür gesorgt hat, dass das Volk mit ihm zufrieden ist, was unbedingt überwunden werden muss, wie ich es festgelegt habe. Das ist nämlich die sicherste Garantie gegen Beschwörungen; denn wer beschwört, glaubt immer, dass der Tod des Prinzen dem Volk angenehm sein wird.

Aus Erfahrung weiß man, dass viele Beschwörungen gebildet wurden, aber nur wenige einen glücklichen Ausgang hatten. Ein Mann kann nicht allein beschwören, er braucht Partner, und die kann er nur unter denen suchen, von denen er glaubt, dass sie unzufrieden sind. Wenn man nun einem Unzufriedenen ein solches Vorhaben anvertraut, gibt man ihm ein Mittel an die Hand, um seiner Unzufriedenheit ein Ende zu setzen, denn er kann damit rechnen, dass er, wenn er das Geheimnis verrät, reichlich belohnt wird. Und da er darin einen sicheren Gewinn sieht, während die Verschwörung ihm nur Ungewissheit und Gefahr bietet, muss er, um nicht zu verraten, entweder eine sehr starke Freundschaft für den Verschwörer oder einen sehr hartnäckigen Hass für den Fürsten haben. Kurz gesagt, der Verschwörer wird immer durch Verdacht, Eifersucht und Angst vor Strafe beunruhigt, während der Prinz die Majestät des Reiches, die Autorität der Gesetze, die Unterstützung seiner Freunde und alles, was zur Verteidigung des Staates dient, für sich hat; Denn in diesem Fall hat der Verschwörer nicht nur die Gefahren zu fürchten, die der Ausführung vorausgehen, sondern auch die, die folgen werden, und vor denen er mit dem Volk als

Feind keine Zuflucht haben wird.

Hierzu könnte man unendlich viele Beispiele anführen, doch ich beschränke mich auf ein einziges, das unsere Väter miterlebt haben.

Herr Annibal Bentivogli, der Urgroßvater des jetzt lebenden Herrn Annibal, war Fürst von Bologna und wurde von den Canneschi ermordet, nachdem sie sich gegen ihn verschworen hatten. Die Zuneigung, die das Volk von Bologna damals für das Haus Bentivogli empfand, war der Grund dafür, dass es sich sofort nach dem Mord erhob und alle Canneschi niedermetzelte. Als die Bologneser erfuhren, dass ein Mann aus der Familie Bentivogli in Florenz lebte, wo er als Sohn eines Handwerkers galt, suchten sie ihn auf und übertrugen ihm die Regierung, die er tatsächlich behielt, bis Giovanni alt genug war, um die Zügel des Staates selbst in die Hand zu nehmen.

Noch einmal: Ein Fürst, der von seinem Volk geliebt wird, hat wenig von Verschwörungen zu befürchten; wenn er aber von seinem Volk gehasst wird, ist alles, Dinge und Menschen, zu fürchten. Deshalb achten wohlgeordnete Regierungen und weise Fürsten immer sehr darauf, das Volk zufrieden zu stellen und es bei Laune zu halten, ohne die Großen zu sehr zu verärgern.

Unter den gut organisierten Königreichen unserer Zeit ist Frankreich zu nennen, wo es eine große Anzahl guter Einrichtungen gibt, die geeignet sind, die Unabhängigkeit und Sicherheit des Königs zu erhalten; unter diesen Einrichtungen nimmt die des Parlaments und seiner Autorität den ersten Platz ein. Derjenige, der Frankreich so organisierte, sah den Ehrgeiz und den frechen Stolz der Großen auf der einen Seite und die Notwendigkeit, sie zu unterdrücken; Als er aber andererseits den allgemeinen Hass auf sie sah, der aus der Furcht vor ihnen entstand, und deshalb auch für ihre Sicherheit sorgen wollte, hielt er es für angebracht, diese Aufgabe nicht dem König zu überlassen, damit er sich nicht den Hass der Großen durch die Begünstigung des Volkes und den Hass des Volkes durch die Begünstigung der Großen zuziehen müsse. Deshalb hielt er es für gut, die dritte Autorität eines Gerichts einzurichten, das ohne jede unangenehme Konsequenz für den König die Großen erniedrigen und die

Kleinen schützen konnte. Eine solche Einrichtung war zweifellos das Beste, Weiseste und Passendste, was man für die Sicherheit des Prinzen und des Königreichs tun konnte.

Mit einem Wort, ich wiederhole es, er muss Rücksicht auf die Großen nehmen, aber vermeiden, vom Volk gehasst zu werden.

Wenn man das Leben und den Tod vieler römischer Kaiser betrachtet, wird man vielleicht glauben, Beispiele zu finden, die dem widersprechen, was ich gerade gesagt habe, denn man wird einige finden, die sich immer weise verhielten und große Qualitäten zeigten, aber dennoch das Reich verloren oder sogar als Opfer von Verschwörungen, die gegen sie gebildet wurden, umkamen.

Um auf diesen Einwand zu antworten, werde ich den Charakter und das Verhalten einiger dieser Kaiser untersuchen und zeigen, dass die Ursachen für ihren Untergang nichts aufweisen, was nicht mit dem übereinstimmt, was ich festgestellt habe. Außerdem werde ich einige Überlegungen darüber anstellen, was die Ereignisse dieser Zeit für Geschichtsleser bemerkenswert sein könnten. Ich werde mich jedoch auf die Kaiser beschränken, die von Marc Aurel bis Maximin aufeinander folgten, und das sind: Mark Aurel, Commodus, sein Sohn, Pertinax, Didius Julianus, Septimius Severus, Antoninus Caracalla, sein Sohn, Macrin, Heliogabalus, Alexander Severus und Maximin.

Die erste Beobachtung ist, dass, während in anderen Staaten der Prinz nur gegen den Ehrgeiz der Großen und die Anmaßung der Völker kämpfen muss, die römischen Kaiser noch eine dritte Schwierigkeit zu überwinden hatten, nämlich sich gegen die Grausamkeit und den Geiz der Soldaten zu verteidigen; diese Schwierigkeit war so groß, dass sie der Grund für den Untergang vieler dieser Prinzen war. Es ist nämlich sehr schwierig, sowohl die Soldaten als auch das Volk zufrieden zu stellen, denn das Volk liebt die Ruhe und daher einen mäßigen Fürsten; die Soldaten hingegen verlangen, dass er in Kriegslaune, frech, habgierig und grausam ist, und sie wollen sogar, dass er sich dem Volk gegenüber so verhält, damit sie doppelt bezahlt werden und ihre Habgier und Grausamkeit befriedigen können. Das war auch der Grund für den Untergang all jener Kaiser, die weder durch ihre natürlichen noch durch ihre erworbenen Eigenschaften die nötige Stärke besaßen, um sowohl die Völker als auch die Kriegsleute im Zaum zu halten. Daher kam es auch, dass die meisten, vor allem die neuen Fürsten, die Schwierigkeit sahen, so gegensätzliche Stimmungen zu befriedigen, und die Soldaten zufrieden stellten, ohne sich um die Unterdrückung des Volkes zu kümmern.

Diese Partei war übrigens notwendig zu ergreifen; denn die Fürsten, die nicht vermeiden können, von irgendjemandem gehasst zu werden, müssen zuerst versuchen, nicht von der Menge gehasst zu werden; und wenn ihnen das nicht gelingt, müssen sie alle Anstrengungen unternehmen, um wenigstens von der mächtigsten Klasse nicht gehasst zu werden. Das ist auch der Grund, warum die Kaiser, die als neue Fürsten eine außerordentliche Unterstützung brauchten, sich viel eher an die Soldaten als an das Volk hielten.

Aus all dem, was ich gerade gesagt habe, folgt, dass von den drei Kaisern Mark Aurel, Pertinax und Alexander Severus, die weise und maßvoll lebten, die Freunde der Gerechtigkeit, Feinde der Grausamkeit, menschlich und wohltätig waren, nur der erste nicht unglücklich endete. Er lebte und starb immer geehrt, weil er das Reich durch Erbfolge erlangte und es weder dem Kriegsvolk noch dem Volk schuldete, und weil er durch seine großen und zahlreichen Tugenden so geachtet wurde, dass er alle Staatsorgane immer in den Grenzen der Pflicht halten konnte, ohne gehasst oder verachtet zu werden.

Was Pertinax betraf, so konnten die Soldaten, gegen deren Willen er zum Kaiser ernannt worden war, die Disziplin nicht ertragen, die er nach der Zügellosigkeit, in der sie unter Commodus gelebt hatten, wieder einführen wollte, und so wurde er von ihnen gehasst. Zu diesem Hass gesellte sich die Verachtung für sein Alter, und er starb fast sofort, nachdem er zu regieren begonnen hatte. Denn wenn die Klasse der Untertanen, die er zu brauchen glaubt, sei es das Volk, die Soldaten oder die Großen, verdorben ist, muss man sie um jeden Preis zufriedenstellen, um sie nicht gegen sich zu haben.

Was schließlich Alexander Severus betrifft, so war seine Güte so groß, dass man unter den Lobpreisungen, die man über ihn aussprach, auch bemerkte, dass in den vierzehn Jahren, die er regierte, niemand ohne ein ordentliches Urteil zu Tode gebracht wurde. Als er jedoch als verweichlichter Mann galt, der sich von seiner Mutter regieren ließ, und dadurch in Verachtung geriet, verschwor sich sein Heer gegen ihn und schlachtete ihn ab.

Wenn wir nun zu den Kaisern kommen, die ganz entgegengesetzte Eigenschaften zeigten, nämlich Commodus, Septimius Severus, Antoninus Caracalla und Maximinus, werden wir sehen, dass sie sehr grausam und von unersättlicher Habgier waren; dass sie, um die Soldaten zufrieden zu stellen, dem Volk keine Art von Unterdrückung und Beleidigung ersparten und dass sie alle ein unglückliches Ende fanden, mit Ausnahme von Severus, der durch die Größe seines Mutes und andere hervorragende Eigenschaften die Zuneigung der Soldaten gewann und, obwohl er das Volk mit Steuern belastete, immer glücklich regieren konnte; Denn diese Größe ließ ihn von allen bewundern, so dass die Völker wie vor Erstaunen und Verwunderung stehen blieben und die Soldaten ehrfürchtig und zufrieden waren. Severus verhielt sich als neuer Fürst sehr geschickt, weshalb ich mich einen Moment damit aufhalten werde, zu zeigen, wie er sich als Fuchs und als Löwe zu verhalten wusste.

Als er die Feigheit des Didius Julianus erkannte, der sich gerade zum Kaiser hatte ausrufen lassen, überzeugte er die Truppen, die er damals in Pannonien anführte, dass es ihrer würdig sei, nach Rom zu ziehen, um den Tod des Pertinax zu rächen, dem die kaiserliche Garde die Kehle durchgeschnitten hatte; Ohne seine geheimen Pläne für das Kaiserreich zu entdecken, ergriff er diesen Vorwand, eilte mit seinem Heer nach Rom und erschien in Italien, bevor man von seinem Aufbruch erfahren hatte. Als er in Rom ankam, wurde er vom erschrockenen Senat zum Kaiser ausgerufen und Julianus wurde niedergemetzelt. Nachdem er den ersten Schritt getan hatte, musste er, um die Herrschaft über den ganzen Staat zu erlangen, noch zwei Hindernisse überwinden: das eine im Osten, wo Niger sich von den asiatischen Heeren, die er befehligte, zum Kaiser ausrufen ließ, und das andere im Westen, wo Albin ebenfalls nach der Kaiserwürde strebte. Da er es für zu gefährlich hielt, sich gleichzeitig gegen diese beiden

Konkurrenten auszusprechen, plante er, Niger anzugreifen und Albin zu täuschen. Infolgedessen schrieb er an Niger, dass er, nachdem er vom Senat zum Kaiser ernannt worden war, die Absicht habe, die kaiserliche Würde mit ihm zu teilen: Er schickte ihm also den Titel Caesar und ließ sich ihn durch einen Senatsbeschluss als Kollegen beifügen. Albinus ließ sich von diesen Demonstrationen, die er für aufrichtig hielt, verführen. Als Severus Niger besiegt und getötet hatte und sich die Unruhen im Osten gelegt hatten, kehrte er nach Rom zurück und beklagte sich im Senat über Albins Verhalten, beschuldigte ihn, er zeige wenig Dankbarkeit für all die Wohltaten, die er ihm erwiesen habe, und versuche heimlich, ihn zu ermorden; er schloss mit der Bemerkung, er könne es nicht vermeiden, gegen ihn zu ziehen, um ihn für seine Undankbarkeit zu bestrafen. Er griff ihn plötzlich in Gallien an, wo er ihm das Reich und das Leben nahm.

Das war das Verhalten dieses Prinzen. Wenn man seine Handlungen Schritt für Schritt verfolgt, sieht man überall die Kühnheit eines Löwen und die Schlauheit eines Fuchses; man sieht ihn von seinen Untertanen gefürchtet und verehrt und selbst von seinen Soldaten geliebt.

Antoninus Caracalla, sein Sohn, hatte ebenso wie er hervorragende Eigenschaften, die ihn vom Volk bewundert und von den Soldaten geschätzt werden ließen. Aber seine Grausamkeit, seine unerhörte Wildheit, die zahlreichen und täglichen Morde, die er an einem Teil der Bürger Roms verübte, und das allgemeine Massaker an den Einwohnern von Alexandria machten ihn zum Gegenstand der allgemeinen Verachtung.

Eine wichtige Beobachtung, die sich aus dieser Tatsache ergibt, ist, dass ein Fürst den Tod nicht vermeiden kann, wenn ein Mann, der fest und hartnäckig auf Rache aus ist, beschlossen hat, ihn zu töten; denn wer sein Leben verachtet, ist Herr über das Leben anderer. Da diese Gefahren aber selten sind, sind sie auch weniger zu befürchten. Alles, was der Fürst in dieser Hinsicht tun kann und muss, ist, darauf zu achten, dass er keinen derer, die er zu seinem Dienst einsetzt und um sich hat, ernsthaft beleidigt; eine Sorgfalt, die Caracalla nicht an den Tag legte, als er den Bruder des Zenturios, von dem er getötet wurde, ungerechtfertigt töten ließ, ihn selbst täglich bedrohte und ihn dennoch in seiner Leibwache behielt. Das war zweifellos ein Wagnis, das seinen Untergang herbeiführen musste, wie das Ereignis bewies.

Commodus, der Sohn und Erbe von Mark Aurel, hatte es leicht, sich im Reich zu halten: Er musste nur in die Fußstapfen seines Vaters treten, um das Volk und die Soldaten zufrieden zu stellen. Doch er überließ sich seinem grausamen und wilden Charakter und wollte das Volk ungestraft mit seinen Raubzügen erdrücken; er nahm sich vor, die Truppen zu streicheln und sie in Zügellosigkeit leben zu lassen. Er vergaß seine Würde und wurde oft in der Arena gesehen, wo er mit den Gladiatoren kämpfte und sich den Schandtaten hingab, die der kaiserlichen Majestät unwürdig waren. Er machte sich selbst in den Augen seiner Soldaten gemein. So wurde er zum Gegenstand des Hasses der einen und der Verachtung der anderen.

Es bleibt mir nur noch, von Maximin zu sprechen. Er besaß alle Eigenschaften, die einen Mann des Krieges ausmachen. Nach dem Tod von Alexander Severus, von dem ich vorhin gesprochen habe, erhoben die Armeen, angewidert von der Schwäche dieses letzten Prinzen, Maximin zum Kaiser, aber er behielt das Kaiseramt nicht lange. Zwei Dinge trugen dazu bei, dass man ihn verachtete und hasste. Das erste war die Niedrigkeit seines ersten Standes: Er war ein Viehhirte in Thrakien, und seine Herkunft, die jedermann bekannt war, machte ihn für alle Augen niederträchtig. Er ging zwar nicht nach Rom, um den Kaiserthron zu besteigen, aber er ließ seine Leutnants dort und in allen Teilen des Reiches eine Vielzahl von grausamen Taten begehen. Einerseits empörte sich der Staat über die Niedrigkeit seiner Herkunft, andererseits wurde er durch die Furcht vor seiner Barbarei aufgestachelt und erhob sich gegen ihn. Das Signal wurde von Afrika gegeben. Der Senat und das Volk folgten sofort diesem Beispiel, das bald auch im übrigen Italien nachgeahmt wurde. Sie belagerten Aquileia, waren aber von den Schwierigkeiten der Belagerung abgeschreckt, seiner Grausamkeiten überdrüssig und begannen, ihn weniger zu fürchten, da sie sahen, dass er sich einer Vielzahl von Feinden gegenübersah, und beschlossen, ihn zu töten.

Ich werde mich jetzt nicht damit aufhalten, über Heliogabalus, Macrinus oder Didius Julianus zu sprechen, Männer, die so niederträchtig waren, dass sie auf dem Thron nur schienen. Aber ich komme gleich zum Schluss meiner Rede und sage, dass die modernen Fürsten in ihrer Verwaltung eine Schwierigkeit weniger finden, nämlich die, das Kriegsvolk außerordentlich zufrieden zu stellen. In der Tat müssen sie zweifellos eine gewisse Rücksicht auf sie nehmen, aber das ist keine große Verlegenheit, denn keiner dieser Fürsten hat die großen Truppenkörper, die immer bestehen und durch die Zeit in gewisser Weise mit der Regierung und Verwaltung der Provinzen verschmolzen sind, wie es die römischen Armeen waren. Die Kaiser waren gezwungen, eher die Soldaten als die Völker zufrieden zu stellen, weil die Soldaten am mächtigsten waren; aber heute sind es die Völker, die die Fürsten am meisten zufrieden stellen müssen. In dieser Hinsicht sollte man nur den Großfürsten der Türken und den Sudan ausnehmen.

Ich nehme den Großen Herrn aus, weil er immer ein Korps von zwölftausend Mann Infanterie und fünfzehntausend Mann Kavallerie um sich hat, und diese Korps seine Sicherheit und Stärke ausmachen.

Ich nehme den Sudan aus, weil seine Staaten vollständig in den Händen der Kriegsleute sind und er sich daher ihre Freundschaft erwerben muss, ohne sich mit dem Volk zu blamieren.

Der Staat Sudan unterscheidet sich von allen anderen Staaten und ähnelt nur dem Papsttum der Christen, das man weder als erbliches noch als neues Fürstentum bezeichnen kann. Denn nach dem Tod des Fürsten erben und regieren nicht seine Kinder nach ihm, sondern sein Nachfolger wird von denen gewählt, denen diese Wahl zusteht; und da diese Ordnung der Dinge durch ihr Alter festgeschrieben ist, weist sie auch nicht die Schwierigkeiten neuer Fürstentümer auf: Der Fürst ist zwar neu, aber die Institutionen sind alt, so dass er genauso aufgenommen wird, als wäre er ein erblicher Fürst. Kehren wir zu unserem Thema zurück.

Wer über all das, was ich gesagt habe, nachdenkt, wird sehen, dass der Untergang der Kaiser, von denen ich gesprochen habe, tatsächlich auf Hass oder Verachtung zurückzuführen war, und er wird gleichzeitig verstehen, warum die einen auf eine bestimmte Weise und die anderen auf eine ganz andere Weise handelten, dass nur einer von beiden glücklich endete, während alle anderen ihr Leben auf eine elende Weise beendeten. Er wird verstehen, dass es für Pertinax und Alexander Severus, die neuen Prinzen, nutzlos und sogar verhängnisvoll war, den Erbprinzen Mark Aurel nachahmen zu wollen, und dass auch Caracalla, Commodus und Maximin sich selbst schadeten, als sie Severus nachahmen wollten, weil sie nicht die großen Eigenschaften besaßen, um in seine Fußstapfen treten zu können.

Ich sage auch, dass ein neuer Fürst nicht entweder Mark Aurel oder Severus nachahmen kann und soll, sondern von Severus' Beispiel das nehmen, was er braucht, um seine Macht zu etablieren, und von Mark Aurel das, was ihm dazu dienen kann, die Stabilität und den Ruhm eines seit langem etablierten und gefestigten Reiches aufrechtzuerhalten.

Kapitel XX. Ob Festungen und manches andere, was Fürsten oft tun, ihnen nützlich oder schädlich sind.

Die Fürsten haben verschiedene Mittel angewandt, um ihre Staaten sicher zu erhalten. Einige haben ihre Untertanen entwaffnet, andere haben in den Ländern, die ihnen unterworfen waren, die Spaltung der Parteien aufrechterhalten; einige haben gerne Feindschaften gegen sich selbst geschürt; andere haben sich bemüht, diejenigen für sich zu gewinnen, die ihnen zu Beginn ihrer Herrschaft verdächtig erschienen waren; schließlich haben einige Festungen gebaut und andere haben sie wieder abgerissen. Es ist unmöglich, sich über diese verschiedenen Mittel eine klare Meinung zu bilden, ohne die besonderen Umstände des Staates zu untersuchen, in dem man eines davon anwenden will. Ich werde sie dennoch im Allgemeinen und so, wie es das Thema erfordert, besprechen.

Es ist noch nie vorgekommen, dass ein neuer Fürst seine Untertanen entwaffnet hätte; vielmehr hat der, der sie ohne Waffen vorfand, ihnen welche gegeben, weil er dachte, dass diese Waffen ihm gehören würden; dass er dadurch die, die verdächtig waren, zur Treue bewegen würde; dass die anderen in ihrer Treue bleiben würden und dass schließlich alle zu seinen Anhängern werden würden. Es ist wahr, dass nicht alle Untertanen Waffen tragen können, aber der Fürst darf nicht befürchten, dass er durch die Belohnung derjenigen, die sie ergriffen haben, die anderen so verärgert, dass er Grund zur Sorge hat.

Ein Fürst, der seine Untertanen entwaffnet, würde anfangen, sie zu beleidigen, indem er ihnen zeigt, dass er ihrer Treue misstraut, und dieses Misstrauen, was auch immer der Grund dafür sein mag, würde Hass gegen ihn wecken. Außerdem könnte er nicht unbewaffnet bleiben und wäre gezwungen, auf eine Söldnermiliz zurückzugreifen; und ich habe bereits gesagt, was diese Miliz ist, die, selbst wenn sie gut wäre, niemals groß genug sein könnte, um ihn gegen mächtige Feinde und gereizte Untertanen zu verteidigen. Daher hat, wie ich bereits sagte, jeder neue Prinz in einem neuen Fürstentum nie versäumt, dort eine Streitmacht zu organisieren. Dafür gibt es in der Geschichte zahlreiche Beispiele.

Wenn ein Fürst einen neuen Staat erworben hat, den er an den Staat anschließt, den er bereits besaß, ist es ihm wichtig, die Untertanen des neuen Staates zu entwaffnen, mit Ausnahme derjenigen, die sich bei der Übernahme für ihn ausgesprochen haben; er sollte ihnen jedoch die Möglichkeit geben, sich der Weichheit hinzugeben und zu verweichlichen, und die Dinge so organisieren, dass es keine Armee mehr gibt außer seinen eigenen Soldaten, die in seinem alten Staat und bei seiner Person leben.

Unsere Vorfahren, besonders die, die als weise galten, sagten allgemein, dass man Pistoia durch Parteien und Pisa durch Festungen eindämmen müsse. Sie achteten auch darauf, in einigen der ihnen unterstellten Länder die Spaltung aufrechtzuerhalten, um sie leichter halten zu können. Das mag in Zeiten, in denen es in Italien eine Art Gleichgewicht gab, gut gewesen sein, aber mir scheint, dass es heute nicht mehr ratsam wäre, denn ich glaube nicht, dass Spaltungen zu irgendetwas gut sein können. Es scheint mir sogar, dass geteilte Länder, wenn sich der Feind nähert, unfehlbar und bald verloren sind; denn die schwache Partei wird sich den äußeren Kräften anschließen, und die andere kann nicht mehr widerstehen. Die Venezianer, die, wie ich glaube, in dieser Hinsicht wie unsere Vorfahren dachten, unterhielten in den Städten unter ihrer Herrschaft die Parteien der Guelfen und Ghibellinen. Zwar ließen sie es nicht bis zum Blutvergießen kommen, aber sie schürten die Spaltung und den Streit so sehr, dass die Einwohner so sehr damit beschäftigt waren, dass sie nicht daran dachten, aus dem Gehorsam auszubrechen. Als sie die Schlacht von Vailà verloren hatten, wurden dieselben Städte sofort kühn und schüttelten das Joch der venezianischen Autorität ab.

Ein Fürst, der solche Mittel anwendet, offenbart seine Schwäche, und eine starke Regierung wird niemals Spaltungen dulden: Wenn sie auch im Frieden von einigem Nutzen sind, weil sie einige Erleichterungen bieten, um die Untertanen zu zügeln, so sind sie doch, sobald der Krieg ausbricht, nur verhängnisvoll.

Es ist kein Zweifel, dass Prinzen größer werden, wenn sie alle Hindernisse überwinden, die sich ihrer Erhebung entgegenstellten. Wenn also das Glück einen neuen Prinzen vergrößern will, der mehr als ein Erbprinz darauf angewiesen ist, Ansehen zu erlangen, erweckt es um ihn herum eine Menge Feinde, gegen die es ihn antreibt, um ihm die Gelegenheit zu geben, über sie zu triumphieren, und gibt ihm so die Gelegenheit, sich mittels einer Leiter zu erheben, die ihm seine Feinde selbst zur Verfügung stellen. Deshalb haben viele die Meinung vertreten, dass ein weiser Fürst, wenn er kann, geschickt einige Feindschaften pflegen soll, damit er, indem er sie überwindet, seine eigene Größe vergrößern kann.

Die Fürsten, insbesondere die neuen Fürsten, haben die Erfahrung gemacht, dass Männer, die ihnen bei der Errichtung ihrer Macht verdächtig erschienen waren, ihnen treuer und nützlicher waren als diejenigen, die sich zunächst als ergeben erwiesen hatten. Pandolfo Petrucci, der Fürst von Siena, setzte in seiner Regierung bevorzugt diejenigen ein, die er zunächst verdächtigt hatte.

Es wäre schwierig, allgemeine Regeln für diesen Gegenstand aufzustellen, und alles hängt von den besonderen Umständen ab. Ich beschränke mich daher auf die Feststellung, dass Männer, die zu Beginn eines neuen Fürstentums Feinde waren und sich in einer solchen Lage befinden, dass sie Unterstützung brauchen, um sich zu behaupten, der Fürst sie immer sehr leicht gewinnen kann, und dass sie ihrerseits gezwungen sein werden, ihm mit umso größerem Eifer und mit umso größerer Treue zu dienen, als sie fühlen, dass sie durch ihre Dienste die schlechte Meinung, die sie ihm von ihnen gemacht haben, auslöschen müssen. Sie werden ihm daher nützlicher sein als diejenigen, die nicht die gleichen Motive und die gleiche Furcht haben und sich nachlässig um seine Interessen kümmern können.

Denn wenn sie nicht aus natürlicher Zuneigung, sondern nur aus dem Grund, dass sie mit seiner gegenwärtigen Regierung unzufrieden waren, zu ihm gekommen sind, wird es dem neuen Fürsten äußerst schwer fallen, ihre Freundschaft zu bewahren, da es ihm unmöglich sein wird, sie zufrieden zu stellen.

Wenn man über die Beispiele nachdenkt, die uns die alten und die neuen Zeiten in dieser Hinsicht bieten, wird man sehen, dass es für den neuen Fürsten viel leichter ist, diejenigen zu gewinnen, die zuerst seine Feinde waren, weil sie mit dem alten Zustand der Dinge zufrieden waren, als diejenigen, die sich zu seinen Freunden machten und ihn begünstigten, weil sie unzufrieden waren.

Es war allgemein üblich, dass die Fürsten, um sich zu erhalten, Festungen bauten, entweder um Aufstände zu verhindern oder um einen sicheren Zufluchtsort vor einem ersten Angriff zu haben. Ich stimme diesem System zu, weil es von den Alten befolgt wurde. Heutzutage haben wir jedoch gesehen, wie Niccolo Vitelli zwei Festungen in Città di Castello abgerissen hat, um im Besitz dieses Landes zu bleiben. Auch der Herzog von Urbino Guido Ubaldo, der in sein Herzogtum zurückgekehrt war, aus dem er von Cäsar Borgia vertrieben worden war, riss alle dort befindlichen Festungen bis auf die Grundmauern nieder, weil er dachte, dass er dadurch weniger Gefahr laufen würde, ein zweites Mal beraubt zu werden. Die Bentivogli schließlich, die in Bologna wieder eingesetzt wurden, taten dasselbe. Festungen sind also je nach den Umständen nützlich oder unnütz, und wenn sie in einer Zeit nützlich sind, schaden sie in einer anderen. Dazu lässt sich Folgendes sagen.

Ein Fürst, der seine Untertanen mehr fürchtet als die Fremden, muss Festungen bauen; aber er darf keine Festungen bauen, wenn er die Fremden mehr fürchtet als seine Untertanen: Die Burg von Mailand, die Francesco Sforza bauen ließ, hat dem Haus dieses Fürsten mehr geschadet als jede Unordnung in seinen Staaten. Die beste Festung, die ein Fürst haben kann, ist die Zuneigung seiner Völker: Wenn er gehasst wird, werden ihn alle Festungen, die er haben kann, nicht retten; denn wenn seine Völker einmal zu den Waffen greifen, werden sie immer Fremde finden, um sie zu unterstützen.

In unserer Zeit haben wir nur die Gräfin von Forlì gesehen, die von einer Festung profitierte, in der sie nach der Ermordung ihres Mannes, des Grafen von Girolamo, Zuflucht vor dem Aufstand des Volkes finden und warten konnte, bis man ihr aus Mailand Hilfe geschickt hatte, mit der sie ihre Staaten zurückerobern konnte. Die Umstände waren zu diesem

Zeitpunkt jedoch so, dass kein Ausländer das Volk unterstützen konnte. Die gleiche Festung war auch später wenig hilfreich, als sie von Cäsar Borgia angegriffen wurde und das Volk, das sie hasste, sich diesem Feind anschließen konnte. In diesem letzten Fall, wie auch im ersten, wäre es viel besser gewesen, nicht gehasst zu werden, als Festungen zu haben.

Aber ich werde immer jeden tadeln, der sich auf diese Verteidigung verlässt und sich nicht davor fürchtet, den Hass der Völker zu erregen.

Kapitel XXI. Wie sich ein Prinz verhalten muss, um Ansehen zu erlangen.

Große Unternehmungen zu machen und durch seine Taten seltene Beispiele zu geben, das ist es, was einen Prinzen am meisten illustriert. In unserer Zeit können wir Ferdinand von Aragon, den derzeitigen König von Spanien, als einen solchen illustren Prinzen nennen.

Wenn man seine Handlungen untersucht, wird man feststellen, dass sie alle von Größe geprägt sind, und einige scheinen sogar vom üblichen Weg abzuweichen. Gleich zu Beginn seiner Herrschaft griff er das Königreich Granada an, und dieses Unternehmen wurde zur Grundlage seiner Größe. Zunächst tat er es in vollem Frieden mit allen anderen Staaten und ohne Angst vor Ablenkungen; außerdem bot es ihm ein Mittel, den Ehrgeiz der Großen Kastiliens zu beschäftigen, die, völlig in diesen Krieg vertieft, nicht an Neuerungen dachten, während er seinerseits durch seinen Ruhm eine Macht über sie erlangte, die sie nicht bemerkten. Das Geld, das er von der Kirche und den Völkern erhielt, versetzte ihn in die Lage, Armeen zu unterhalten, die durch die lange Reihe von Kriegen geformt wurden und ihm später so viel Respekt einbrachten. Nach diesem Unternehmen und immer noch unter dem Mantel der Religion, um zu größeren Unternehmungen zu gelangen, verfolgte er mit frommer Grausamkeit die Mauren und säuberte sein Königreich von ihnen: ein bewundernswertes Beispiel, über das man nicht genug nachdenken kann. Schließlich griff er unter demselben Vorwand der Religion Afrika an, dann brachte er seine Waffen nach Italien, und zuletzt führte er Krieg gegen Frankreich. So hörte er nicht auf, große Pläne zu schmieden und auszuführen, wobei er die Gemüter seiner Untertanen stets in Bewunderung und Erwartung der Ereignisse versetzte. Alle diese Handlungen folgten aufeinander und waren so miteinander verbunden, dass sie keine Zeit zum Atmen ließen und keine Möglichkeit boten, den Lauf zu unterbrechen.

Ein Prinz kann auch dadurch ausgezeichnet werden, dass er, wie Barnabo Visconti, Herzog von Mailand, in seiner inneren Verwaltung und bei

Gelegenheit einzigartige Beispiele liefert, die viel zu reden geben, wie man diejenigen, die im bürgerlichen Leben große Verbrechen begangen oder große Dienste geleistet haben, bestraft oder belohnt, und dass er unter allen Umständen so handelt, dass man ihn als dem gewöhnlichen Menschen überlegen ansehen muss.

Man schätzt auch einen Prinzen, der sich offen als Freund oder Feind zeigt, d. h. der sich offen und ohne Vorbehalte für oder gegen jemanden aussprechen kann.

Denn wenn zwei Mächte, die Ihnen benachbart sind, in Streit geraten, geschieht eines von zwei Dingen: Sie sind oder sie sind nicht so, dass Sie von derjenigen, die siegreich bleibt, etwas zu befürchten haben. In beiden Fällen ist es hilfreich, wenn Sie sich offen erklärt und den Krieg offen geführt haben. Hier sind die Gründe dafür.

Im ersten Fall: Wenn Sie sich nicht gemeldet haben, bleiben Sie die Beute der siegreichen Macht, und zwar zur Zufriedenheit und Genugtuung der besiegten Macht, die aus keinem Grund verpflichtet ist, Sie zu verteidigen oder Ihnen sogar Asyl zu gewähren. Und warum sollte die besiegte Macht Sie aufnehmen, wo Sie sich doch geweigert hatten, für sie die Waffen zu ergreifen und ihr Glück zu suchen?

Antiochus kam nach Griechenland, wohin ihn die Ätolier riefen, um die Römer von dort zu vertreiben, und schickte Redner zu den Achäern, die mit den Achäern verbündet waren, um sie aufzufordern, neutral zu bleiben. Auch die Römer schickten ihnen solche, um sie dazu zu bewegen, zu ihren Gunsten zu den Waffen zu greifen. Als die Angelegenheit im Rat der Achäer zur Diskussion gestellt wurde und die Gesandten des Antiochus auf der Neutralität bestanden, antworteten die Gesandten der Römer, indem sie sich an die Achäer wandten: "Der Rat, den man euch gibt, nicht an unserem Krieg teilzunehmen, und den man euch als den besten und nützlichsten für euer Land vorstellt, könnte für euch nicht schädlicher sein. "

Eine Regierung muss damit rechnen, dass immer diejenige der beiden kriegführenden Parteien, die nicht mit ihr befreundet ist, von ihr verlangt, dass sie neutral bleibt, und dass die befreundete Partei von ihr verlangt, dass sie sich mit Waffengewalt erklärt.

Diese Partei der Neutralität ist diejenige, die am häufigsten von unschlüssigen Fürsten ergriffen wird, die von den gegenwärtigen Gefahren abgeschreckt werden, und es ist diejenige, die sie auch am häufigsten in den Ruin treibt.

Hast du dich entschlossen und energisch für eine der beiden Parteien eingesetzt, so braucht sie dich nicht zu fürchten, wenn sie siegreich bleibt, selbst wenn sie mächtig genug ist, dass du in ihrem Ermessen stehst; denn sie wird dir verpflichtet sein, weil sie mit dir ein Band der Freundschaft geschlossen hat, und die Menschen sind niemals so ohne jedes Ehrgefühl, dass sie diejenigen, mit denen sie ein solches Verhältnis haben, belasten wollen und damit ein Beispiel für die schwärzeste Undankbarkeit geben. Außerdem sind Siege nie so vollständig, dass der Sieger glauben könnte, er sei von jeder Rücksicht und vor allem von jeder Gerechtigkeit befreit. Aber wenn diese Kriegspartei, für die Sie sich erklärt haben, besiegt wird, können Sie zumindest damit rechnen, dass Ihnen so weit wie möglich geholfen wird und dass Sie an einem Vermögen beteiligt werden, das sich wieder erholen kann.

Im zweiten Fall, d. h. wenn die beiden rivalisierenden Mächte nicht so groß sind, dass Sie von der Siegermacht etwas zu befürchten haben, rät Ihnen die Klugheit noch mehr, sich für eine der beiden Mächte zu entscheiden. Was wird das Ergebnis sein? Sie werden eine dieser Mächte durch die Hilfe einer anderen ruiniert haben, die, wenn sie weise gewesen wäre, sie hätte unterstützen müssen, und die nach dem Sieg, den sie durch Ihre Unterstützung unfehlbar erringen muss, in Ihrem Ermessen steht.

Hierzu bemerke ich übrigens, dass ein Fürst, wie ich bereits gesagt habe, sich niemals mit einem anderen, der mächtiger ist als er, zusammenschließen darf, um einen dritten anzugreifen, es sei denn, er wird durch die Notwendigkeit dazu gezwungen, denn der Sieg würde ihn in das Ermessen des mächtigeren anderen stellen; und die Fürsten müssen in allen Dingen vermeiden, sich in das Ermessen eines anderen zu begeben. Die Venezianer verbündeten sich mit Frankreich gegen den

Herzog von Mailand, und diese Verbindung, die sie hätten vermeiden können, führte zu ihrem Untergang.

Wenn eine solche Verbindung unvermeidlich ist, wie es für die Florentiner der Fall war, als der Papst und Spanien ihre Truppen gegen die Lombardei marschieren ließen, dann muss man sich dazu entschließen, egal, was passiert.

Außerdem darf eine Regierung nicht darauf vertrauen, dass sie immer nur sichere Parteien ergreift, sondern muss davon ausgehen, dass es keine gibt, die nicht mit einer gewissen Unsicherheit behaftet sind. Es ist die Ordnung der Dinge, dass man nie versucht, einem Nachteil zu entgehen, ohne in einen anderen zu geraten, und die Klugheit besteht nur darin, die Nachteile zu prüfen und zu beurteilen und das am wenigsten Schlechte als gut zu betrachten.

Ein Fürst sollte sich auch als Liebhaber von Talenten erweisen und diejenigen ehren, die sich in ihrem Beruf auszeichnen. Er muss seine Untertanen ermutigen und sie in die Lage versetzen, ihr Gewerbe in Ruhe auszuüben, sei es im Handel, in der Landwirtschaft oder in jeder anderen Art von Arbeit, die die Menschen verrichten, so dass es keinen gibt, der es unterlässt, entweder seinen Besitz zu verbessern, weil er befürchtet, dass er ihm weggenommen wird, oder einen Handel zu betreiben, weil er befürchtet, dass er unter Übergriffen zu leiden hat. Er muss denjenigen, die solche Unternehmungen planen, und allen, die daran denken, den Reichtum und die Größe des Staates zu vergrößern, Aussicht auf Belohnungen machen. Da alle Bürger eines Staates in Kunstgemeinschaften oder Stämme eingeteilt sind, kann er nicht genug Rücksicht auf diese Körperschaften nehmen; er wird manchmal in ihren Versammlungen erscheinen und immer Menschlichkeit und Pracht zeigen, ohne jedoch jemals die Majestät seines Ranges zu beeinträchtigen, eine Majestät, die ihn unter keinen Umständen verlassen darf.

Kapitel XXII. Von den Sekretären der Prinzen.

Es ist für einen Fürsten keine unwichtige Sache, seine Minister auszuwählen, die gut oder schlecht sind, je nachdem, ob er selbst mehr oder weniger weise ist. Wenn man also seine Fähigkeit beurteilen will, so beurteilt man sie zuerst durch die Personen, die ihn umgeben. Wenn sie geschickt und treu sind, nimmt man immer an, dass er selbst weise ist, da er ihre Geschicklichkeit erkannt und sich ihrer Treue versichert hat; aber man denkt ganz anders, wenn diese Personen nicht so sind; und da die Wahl, die er von ihnen getroffen hat, seine erste Handlung gewesen sein muss, ist der Irrtum, den er dabei begangen hat, ein sehr schlechtes Vorzeichen. Alle, die hörten, dass Pandolfo Petrucci, der Fürst von Siena, messer Antonio da Venafro zu seinem Minister gewählt hatte, hielten Pandolfo für einen sehr weisen und aufgeklärten Fürsten.

Es gibt drei Arten von Geistern, nämlich solche, die von sich aus verstehen, solche, die verstehen, wenn andere es ihnen vorführen, und schließlich solche, die weder von sich aus noch durch die Hilfe anderer verstehen. Die ersten sind die höheren Geister, die zweiten die guten Geister, die dritten die ungültigen Geister. Denn ein Fürst, der in der Lage ist, wenn nicht zu denken, so doch zu beurteilen, was ein anderer gut oder schlecht tut und sagt, weiß die guten und schlechten Handlungen seines Ministers zu unterscheiden, die einen zu fördern, die anderen zu unterdrücken, keine Hoffnung zuzulassen, dass er ihn täuschen kann, und so den Minister selbst in seiner Pflicht zu halten.

Wenn ein Fürst eine sichere Regel haben will, um seine Minister zu kennen, kann man ihm diese geben: Denn der Mann, der die Verwaltung eines Staates in seinen Händen hat, darf nie an sich selbst denken, sondern muss immer an den Fürsten denken und darf ihn nur über das informieren, was im Interesse des Staates liegt.

Er muss ihn mit Ansehen umgeben, ihn mit Reichtümern überhäufen, ihn an allen Ehren und Würden teilhaben lassen, damit er keinen Grund hat, mehr zu wünschen; auf dem Gipfel der Gunst angelangt, muss er jede

Veränderung fürchten und fest davon überzeugt sein, dass er ohne die Unterstützung des Prinzen nicht bestehen kann.

Wenn der Prinz und der Minister so sind, wie ich es sage, können sie sich einander mit Vertrauen ausliefern: Sind sie es nicht, wird das Ende für beide gleich schlecht sein.

Kapitel XXIII. Wie man vor Schmeichlern fliehen soll.

Ich möchte nicht versäumen, einen wichtigen Artikel und einen Irrtum zu erwähnen, vor dem sich die Prinzen nur schwer schützen können, wenn sie nicht mit großer Vorsicht begabt sind und die Kunst besitzen, gute Entscheidungen zu treffen: die Schmeichler, von denen die Höfe immer voll sind.

Wenn die von Selbstliebe geblendeten Fürsten einerseits Mühe haben, sich nicht von dieser Pest verderben zu lassen, so laufen sie andererseits Gefahr, ihr zu entfliehen, nämlich der Verachtung anheimzufallen. Sie haben tatsächlich nur ein gutes Mittel, um sich gegen Schmeichelei zu schützen, nämlich deutlich zu machen, dass man ihnen nicht missfallen kann, wenn man ihnen die Wahrheit sagt.

Was kann er also tun, um alle Unannehmlichkeiten zu vermeiden? Er muss, wenn er klug ist, in seinen Staaten einige weise Männer auswählen und ihnen, aber nur ihnen, die volle Freiheit geben, ihm die Wahrheit zu sagen, wobei er sich jedoch auf die Dinge beschränken muss, über die er sie fragen wird. Er soll sie über alles befragen, ihren Rat anhören und dann selbst entscheiden; er soll sich auch gegenüber allen Ratgebern zusammen oder gegenüber jedem einzelnen so verhalten, dass er sie überzeugt, dass sie ihm umso mehr gefallen, je freimütiger sie sprechen; er soll schließlich keine andere Person hören wollen, nach dem Entschluss handeln, den er gefasst hat, und mit Entschiedenheit daran festhalten.

Ein Prinz, der es anders handhabt, wird von den Schmeichlern ruiniert, oder er ist anfällig für ständige Variationen, die von der Vielfalt der Ratschläge mitgerissen werden, was sein Ansehen sehr schmälert. Hierzu möchte ich ein Beispiel aus der jüngsten Vergangenheit anführen. Der Priester Lukas, ein Agent Maximilians, des derzeitigen Kaisers, sagte über diesen Prinzen, dass er "nie den Rat von jemandem einhole und nie etwas nach seinem Willen tue". Maximilian ist in der Tat ein sehr geheimer

Mann, der sich niemandem anvertraut und keinen Rat einholt; aber wenn seine Absichten bekannt werden, während sie ausgeführt werden, werden sie von denen, die ihn umgeben, sofort widerlegt, und aus Schwäche lässt er sich davon abbringen.

Ein Fürst muss also immer Rat einholen, aber er muss es tun, wenn er will, und nicht, wenn andere es wollen; er muss sogar niemandem die Kühnheit überlassen, ihm seinen Rat über irgendetwas zu geben, es sei denn, er bittet darum; aber er muss auch nicht zu zurückhaltend in seinen Fragen sein, sondern geduldig die Wahrheit anhören und, wenn jemand durch gewisse Rücksichten davon abgehalten wird, sie ihm zu sagen, sein Missfallen darüber zeigen.

Diejenigen, die behaupten, dass der eine oder andere Prinz, der weise erscheint, tatsächlich nicht weise ist, weil die Weisheit, die er zeigt, nicht aus ihm selbst kommt, sondern aus den guten Ratschlägen, die er erhält, gehen einem großen Irrtum auf den Leim; Denn es ist eine allgemeine Regel, die niemals täuscht, dass ein Fürst, der aus sich selbst heraus nicht weise ist, nicht gut beraten werden kann, es sei denn, der Zufall hat ihn ganz in die Hände eines sehr geschickten Mannes gelegt, der ihn allein beherrscht und regiert; in diesem Fall kann er übrigens wahrhaftig gut geführt werden, aber nur für kurze Zeit, denn der Führer wird bald die Macht an sich reißen. Wenn er aber sonst gezwungen ist, mehrere Ratgeber zu haben, wird der unweise Fürst sie immer untereinander zerstritten finden und nicht wissen, wie er sie zusammenbringen soll. Jeder dieser Ratgeber wird nur an seinen eigenen Vorteil denken und er wird nicht in der Lage sein, sie zurechtzuweisen oder gar zu beurteilen. Daraus folgt, dass er immer nur schlechte Ratgeber haben wird, denn sie werden nicht durch die Notwendigkeit gezwungen, gute Ratgeber zu werden. Mit einem Wort: Gute Ratschläge, von welcher Seite sie auch kommen mögen, sind die Frucht der Weisheit des Fürsten, und diese Weisheit ist nicht die Frucht guter Ratschläge.

Kapitel XXIV. Warum die Fürsten Italiens ihre Staaten verloren haben.

Der neue Fürst, der sein Verhalten nach all dem ausrichtet, was wir bemerkt haben, wird als alt angesehen werden, und bald wird er sogar sicherer und fester etabliert sein, als wenn seine Macht durch die Zeit geweiht worden wäre. Denn die Handlungen eines neuen Fürsten werden viel mehr geprüft als die eines alten Fürsten; und wenn sie für tugendhaft befunden werden, gewinnen und binden sie ihm die Herzen viel mehr, als es das Alter des Geschlechts tun könnte; denn die Menschen werden von der Gegenwart viel mehr berührt als von der Vergangenheit; und wenn sie mit ihrer gegenwärtigen Lage zufrieden sind, genießen sie sie, ohne an etwas anderes zu denken.

Der Prinz hat also doppelten Ruhm, weil er einen neuen Staat gegründet hat, und weil er ihn mit guten Gesetzen, guten Waffen, guten Verbündeten und guten Beispielen geschmückt und gefestigt hat; der auf dem Thron Geborene, der ihn durch seine mangelnde Weisheit verloren hat, wird dagegen doppelt beschämt.

Wenn man das Verhalten der verschiedenen italienischen Fürsten betrachtet, die in unserer Zeit ihre Staaten verloren haben, wie der König von Neapel, der Herzog von Mailand und andere, wird man zuerst einen gemeinsamen Fehler finden, den man ihnen vorwerfen kann, nämlich den, der die Streitkräfte betrifft und von dem oben ausführlich die Rede war. Zweitens wird man erkennen, dass sie sich den Hass des Volkes zugezogen hatten oder dass sie, indem sie dessen Freundschaft besaßen, es nicht verstanden, sich die Großen zu sichern. Ohne solche Fehler verliert man keine Staaten, die mächtig genug sind, um eine Armee ins Feld zu führen.

Philipp von Makedonien, nicht der Vater Alexanders des Großen, sondern der von T. Quintus Flaminius Besiegte, besaß im Vergleich zur Größe der römischen Republik und Griechenlands, von denen er angegriffen wurde, nur einen kleinen Staat; da er jedoch ein geschickter Hauptmann war und es verstand, das Volk an sich zu binden und die Großen zu sichern, war er in der Lage, den Krieg mehrere Jahre lang zu führen.

Diejenigen unter unseren Fürsten, die nach langem Besitz ihrer Staaten beraubt wurden, sollen also nicht das Glück dafür verantwortlich machen, sondern sich selbst ihre eigene Feigheit vorwerfen. Da sie in Zeiten der Ruhe nie daran dachten, dass sich die Dinge ändern könnten, und darin den gewöhnlichen Menschen glichen, die sich in der Ruhe nicht um den Sturm kümmern, dachten sie, als die Not sich zeigte, nicht daran, sich zu verteidigen, sondern zu fliehen, in der Hoffnung, von ihren Völkern, die die Anmaßung des Siegers ermüdet hatte, zurückgerufen zu werden. Eine solche Partei mag gut sein, wenn man keine andere hat, aber es ist schändlich, sich darauf zu beschränken: Man lässt sich nicht fallen, in der Hoffnung, von jemandem aufgerichtet zu werden. Außerdem ist es nicht sicher, dass ein Fürst in diesem Fall auf diese Weise abberufen wird, und wenn er abberufen wird, dann nicht mit großer Sicherheit für ihn, denn eine solche Art der Verteidigung entwürdigt ihn und liegt nicht in seiner Person. Es gibt aber für einen Fürsten keine gute, sichere und dauerhafte Verteidigung, außer derjenigen, die von ihm selbst und seinem eigenen Wert abhängt.

Kapitel XXV. Wie viel Macht das Glück in menschlichen Dingen hat und wie man ihm widerstehen kann.

Ich weiß, dass viele Menschen der Meinung waren und sind, dass Gott und das Schicksal die Dinge dieser Welt so lenken, dass alle menschliche Klugheit ihren Lauf nicht aufhalten oder regeln kann. Daraus kann man schließen, dass es sinnlos ist, sich mit so viel Mühe damit zu beschäftigen, und dass man sich nur dem Schicksal unterwerfen und alles von ihm lenken lassen muss. Diese Meinung hat sich in unserer Zeit vor allem als Folge der vielen großen Ereignisse verbreitet, die wir erwähnt haben, die wir immer noch miterleben und die wir nicht vorhersehen konnten.

Da ich jedoch nicht zugeben kann, dass unser freier Wille auf nichts reduziert ist, stelle ich mir vor, dass es wahr sein könnte, dass das Glück über die Hälfte unserer Handlungen verfügt, aber die andere Hälfte ungefähr in unserer Macht belässt. Ich vergleiche es mit einem reißenden Fluss, der, wenn er über die Ufer tritt, die Ebenen überflutet, Bäume und Gebäude umwirft, das Land auf einer Seite wegnimmt und auf einer anderen mit sich reißt: Alles flieht vor seinen Verwüstungen, alles beugt sich seinem Zorn, nichts kann ihn aufhalten. Doch so schlimm es auch ist, wenn der Sturm vorbei ist, versuchen die Menschen immer noch, sich durch Dämme, Straßen und andere Bauwerke vor ihm zu schützen, so dass das Wasser bei neuen Überschwemmungen in einem Kanal gehalten wird und sich nicht mehr so frei ausbreiten und so große Verwüstungen anrichten kann. So ist es auch mit dem Glück: Es zeigt seine Macht vor allem dort, wo kein Widerstand vorbereitet ist, und richtet seinen Zorn dort aus, wo es weiß, dass kein Hindernis bereitsteht, um es aufzuhalten.

Wenn man Italien betrachtet, das der Schauplatz und die Quelle der großen Veränderungen ist, die wir gesehen haben und sehen, wie sie sich vollziehen, wird man feststellen, dass es einem weiten Feldzug gleicht, der durch keine Art von Verteidigung gesichert ist. Dass es, wenn es wie Deutschland, Spanien und Frankreich gegen den Strom geschützt gewesen wäre, nicht überschwemmt worden wäre oder zumindest nicht so sehr darunter gelitten hätte.

Ich beschränke mich auf diese allgemeinen Gedanken über den Widerstand, den man dem Glück entgegensetzen kann, und komme zu spezielleren Beobachtungen: Zunächst stelle ich fest, dass es nicht ungewöhnlich ist, einen Prinzen an einem Tag aufblühen und am nächsten Tag fallen zu sehen, ohne dass er sich jedoch in seinem Charakter oder seinem Verhalten geändert hat. Das kommt, wie mir scheint, von dem, was ich bereits ausführlich genug dargelegt habe, dass ein Prinz, der sich ganz auf das Glück verlässt, in dem Maße fällt, in dem es sich ändert. Es scheint mir auch, dass ein Fürst glücklich oder unglücklich ist, je nachdem, ob sein Verhalten mit der Zeit, in der er regiert, übereinstimmt oder nicht. Alle Menschen haben dasselbe Ziel vor Augen: Ruhm und Reichtum; aber bei allem, was sie tun, um dieses Ziel zu erreichen, handeln sie nicht alle auf die gleiche Weise: Die einen gehen mit Bedacht vor, die anderen mit Ungestüm; die einen wenden Gewalt an, die anderen List; manche sind geduldig, andere gar nicht; diese verschiedenen Arten des Handelns sind zwar sehr unterschiedlich, können aber gleichermaßen erfolgreich sein. Man sieht auch, dass von zwei Menschen, die denselben Weg gehen, der eine ankommt und der andere nicht, während zwei andere, die ganz unterschiedlich gehen, z. B. der eine besonnen und der andere ungestüm, dennoch gleichermaßen an ihr Ziel kommen: Woher kommt das, wenn nicht davon, dass die Vorgehensweisen den Zeiten entsprechen oder nicht? Das ist der Grund dafür, dass zwei verschiedene Handlungen die gleiche Wirkung haben und zwei gleiche Handlungen entgegengesetzte Ergebnisse haben. Das ist auch der Grund, warum das, was gut ist, nicht immer gut ist. Wenn aber die Natur und die Umstände der Zeit so sind, dass diese Art zu regieren gut ist, wird er gedeihen; wenn aber die Natur und die Umstände der Zeit sich ändern, wird er scheitern, wenn er sein System nicht ändert.

Ein solcher Wechsel zur rechten Zeit ist etwas, was selbst die besonnensten Menschen nicht zu tun vermögen, sei es, weil man nicht gegen seinen Charakter handeln kann, sei es, weil man, wenn man lange Zeit auf einem bestimmten Weg gediehen ist, nicht davon überzeugt werden kann, dass es gut wäre, einen anderen einzuschlagen. So ist der besonnene Mensch, der nicht weiß, wann er ungestüm sein sollte, selbst der Urheber seines eigenen Untergangs. Wenn wir unseren Charakter je nach Zeit und Umständen ändern könnten, würde sich das Glück nie ändern.

Papst Julius II. tat alle seine Handlungen mit Ungestüm, und diese Handlungsweise entsprach so sehr der Zeit und den Umständen, dass das Ergebnis immer glücklich war. Betrachte sein erstes Unternehmen, das er zu Lebzeiten von Messire Giovanni Bentivogli auf Bologna unternahm: Die Venezianer sahen es mit Argwohn und es war ein Streitpunkt für Spanien und Frankreich; dennoch stürzte sich Julius mit seiner natürlichen Entschlossenheit und Ungestüm darauf und führte die Expedition selbst an; und durch diese Kühnheit hielt er die Venezianer und Spanien in Schach, so dass niemand sich rührte: Die Venezianer, weil sie Angst hatten, und Spanien, weil es das gesamte Königreich Neapel zurückhaben wollte. Außerdem zog er den König von Frankreich zu seiner Hilfe heran, denn als dieser sah, dass der Papst sich auf den Weg gemacht hatte, und seine Freundschaft gewinnen wollte, die er brauchte, um die Venezianer zu unterdrücken, hielt er es für unmöglich, ihm die Hilfe seiner Truppen zu verweigern, ohne ihn offenkundig zu beleidigen. Julius erreichte also durch sein Ungestüm, was ein anderer mit aller menschlichen Klugheit nicht erreicht hätte; denn wenn er mit seinem Aufbruch aus Rom gewartet hätte, wie es jeder andere Papst getan hätte, bis alles vereinbart, beschlossen und vorbereitet worden wäre, hätte er sicher keinen Erfolg gehabt. Der König von Frankreich hätte tausend Wege gefunden, sich bei ihm zu entschuldigen, und die anderen Mächte hätten ebenso viele Wege gefunden, ihn zu erschrecken.

Ich werde hier nicht auf die anderen Operationen dieses Pontifex eingehen, die alle auf die gleiche Weise durchgeführt wurden und ebenso erfolgreich waren. In seiner kurzen Lebenszeit konnte er die Rückschläge nicht erfahren, die er wahrscheinlich erlitten hätte, wenn er in eine Zeit gekommen wäre, in der man sich umsichtig hätte verhalten müssen; denn er hätte nie von dem System der Gewalt abweichen können, zu dem ihn sein Charakter nur allzu sehr veranlasste.

Ich schließe daraus, dass die Menschen glücklich sind, solange sie mit dem Glück übereinstimmen, weil das Glück sich ändert und die Menschen auf der gleichen Handlungsweise beharren, dass sie aber unglücklich werden, sobald diese Übereinstimmung nicht mehr gegeben ist.

Ich glaube, dass es besser ist, ungestüm als besonnen zu sein, denn das Glück ist eine Frau: Um es unterwürfig zu halten, muss man es grob behandeln.

Kapitel XXVI. Ermahnung, Italien von den Barbaren zu befreien.

Wenn ich über alles, was ich oben dargelegt habe, nachdenke und bei mir selbst prüfe, ob die Zeiten in Italien heute so wären, dass ein neuer Fürst sich dort berühmt machen könnte, und ob ein kluger und mutiger Mann die Gelegenheit und das Mittel finden würde, diesem Land eine neue Form zu geben, die zum Nutzen der Allgemeinheit wäre, Es scheint mir, dass so viele Umstände für einen solchen Plan sprechen, dass ich nicht weiß, ob es jemals eine günstigere Zeit als diese für solche großen Veränderungen gegeben hat.

Und wenn, wie ich schon sagte, das Volk Israel erst von den Ägyptern versklavt werden musste, um die Tugend des Moses zu erkennen; wenn die Größe der Seele des Kyros nur in dem Maße zum Vorschein kommen konnte, wie die Perser von den Medern unterdrückt wurden; wenn es schließlich notwendig war, dass die Athener uneinig waren, um den ganzen Wert des Theseus zu erkennen: Es war unterdrückter als die Hebräer, versklavter als die Perser, uneiniger als die Athener, ohne Führer, ohne Institutionen, geschlagen, zerrissen, überfallen und mit allen Arten von Katastrophen überhäuft.

Bisher schienen ihr von Zeit zu Zeit einige Lichter einen von Gott für ihre Befreiung auserwählten Mann anzukündigen, aber bald sah sie diesen Mann vom Glück in seiner glänzenden Karriere aufgehalten, und sie wartet immer noch, fast sterbend, auf denjenigen, der ihre Wunden schließen, die Plünderungen und Verwüstungen, unter denen die Lombardei leidet, beenden, den Übergriffen und Schikanen, die das Königreich Neapel und die Toskana bedrücken, ein Ende bereiten und endlich ihre Wunden heilen kann, die so hartnäckig sind, dass sie zu Fisteln geworden sind.

Man sieht sie auch, wie sie unaufhörlich zum Himmel betet, er möge ihr jemanden schicken, der sie von der Grausamkeit und Anmaßung der

Barbaren befreit. Man sieht, dass sie bereit ist, sich unter das erste Banner zu stellen, das man vor ihren Augen zu entfalten wagt. Aber wo kann sie ihre Hoffnungen besser setzen als auf Ihr berühmtes Haus, das durch seine ererbten Tugenden, sein Vermögen, die Gunst Gottes und der Kirche, deren Thron es derzeit innehat, diese glückliche Befreiung wirklich anführen und bewirken kann.

Sie wird nicht schwierig sein, wenn du das Leben und die Taten dieser Helden, die ich gerade genannt habe, vor Augen hast. Sie waren zwar seltene und wunderbare Männer, aber sie waren eben Männer, und die Gelegenheiten, die sie nutzten, waren nicht so günstig wie die gegenwärtige. Ihre Unternehmungen waren nicht gerechter als diese, und sie hatten den Schutz des Himmels nicht mehr als ihr ihn habt. Hier erstrahlt die Gerechtigkeit in ihrem vollen Glanz, denn der Krieg ist immer gerecht, wenn er notwendig ist, und die Waffen sind heilig, wenn sie die einzige Ressource der Unterdrückten sind. Hier rufen alle Wünsche des Volkes nach Ihnen, und inmitten dieser einhelligen Bereitschaft kann der Erfolg nicht ungewiss sein: Sie müssen sich nur ein Beispiel an denen nehmen, die ich Ihnen als Vorbilder vorgeschlagen habe.

Das Meer hat sich geöffnet, eine leuchtende Wolke hat den Weg gewiesen, der Fels hat Wasser aus seinem Inneren hervorgebracht, das Manna ist in der Wüste gefallen - all das fördert Ihre Größe. Gott will nicht alles tun, um uns nicht ohne Verdienst und ohne den Teil der Herrlichkeit zu lassen, den er uns zu erwerben erlaubt.

Dass keiner der Italiener, von denen ich gesprochen habe, in der Lage war, das zu tun, was man von Ihrem berühmten Haus erwartet, dass selbst inmitten so vieler Revolutionen, die Italien erlebt hat, und so vieler Kriege, deren Schauplatz es war, es schien, als sei jeder militärische Wert dort erloschen, ist nicht verwunderlich: Es kam daher, dass die alten Institutionen schlecht waren und dass es niemanden gab, der neue zu finden vermochte. Wenn diese Gesetze und Institutionen auf einem festen Fundament stehen und Größe zeigen, wird er von allen Menschen bewundert und geachtet.

Außerdem bietet Italien einen Stoff, der für die universellsten Reformen geeignet ist. Hier wird der Mut in jedem Einzelnen zum Vorschein kommen, vorausgesetzt, dass es den Führern selbst nicht an Mut mangelt. Sehen Sie bei Duellen und Kämpfen zwischen einer kleinen Anzahl von Gegnern, wie überlegen die Italiener an Kraft, Geschicklichkeit und Intelligenz sind. Wenn sie aber als Heer zusammen kämpfen, ist ihr ganzer Wert dahin. Das ist auf die Schwäche der Anführer zurückzuführen, denn einerseits sind diejenigen, die wissen, nicht gehorsam, und jeder glaubt zu wissen, und andererseits hat sich kein Anführer gefunden, der entweder durch sein persönliches Verdienst oder durch sein Vermögen so weit über die anderen erhoben wäre, dass alle seine Überlegenheit anerkennen und sich ihm unterwerfen würden. So kam es, dass so lange Zeit und in so vielen Kriegen, die in den letzten zwanzig Jahren stattgefunden haben, jede Armee, die nur aus Italienern bestand, nur Rückschläge erlitt, die zuerst den Taro, dann Alexandria, Capua, Genua, Vailà, Köln und Mestri bezeugten.

Wenn Ihr berühmtes Haus den großen Männern nacheifern will, die zu verschiedenen Zeiten ihr Land befreit haben, muss es vor allen Dingen eine nationale Streitmacht aufbauen, denn sie ist die stärkste, treueste und beste, die man besitzen kann: Jeder einzelne Soldat ist persönlich gut und wird noch besser werden, wenn alle zusammen von ihrem Fürsten befehligt, geehrt und unterhalten werden. Mit solchen Waffen wird der italienische Wert die Fremden zurückschlagen können.

Die schweizerische und die spanische Infanterie gelten als schrecklich, aber beide haben einen so großen Mangel, dass es möglich ist, eine dritte Infanterie zu bilden, die nicht nur in der Lage ist, ihnen zu widerstehen, sondern sie auch zu besiegen. Denn die spanische Infanterie kann sich nicht gegen die Kavallerie behaupten, und die schweizerische Infanterie muss jede andere Truppe derselben Art fürchten, die mit derselben Hartnäckigkeit wie sie kämpft. Man hat auch gesehen und wird noch sehen, wie die französische Kavallerie die spanische Infanterie besiegt und diese die Schweizer Infanterie vernichtet hat, was in der Schlacht von Ravenna, wo die spanische Infanterie auf die deutschen Bataillone traf, die die gleiche Disziplin wie die Schweizer haben, wenn auch nicht vollständig erprobt, so doch zumindest ausprobiert wurde: Man sah, wie die Spanier, begünstigt durch ihre Beweglichkeit und bedeckt mit ihren kleinen Schilden, unter den Lanzen in die Reihen ihrer Gegner eindrangen und sie ohne Risiko und ohne dass die Deutschen sie daran hindern konnten, trafen.

Da man nun weiß, woran es bei der einen oder anderen Infanterie mangelt, kann man eine neue organisieren, die der Kavallerie standhalten kann und keine Angst vor anderen Fußsoldaten hat. Es ist nicht nötig, eine neue Art von Truppen zu erschaffen, sondern nur eine neue Organisation und eine neue Art zu kämpfen zu finden.

Lassen wir uns also die Gelegenheit nicht entgehen. Möge Italien nach so langem Warten endlich seinen Befreier erscheinen sehen! Ich kann keine Worte finden, um auszudrücken, mit welcher Liebe, mit welchem Rachedurst, mit welcher unerschütterlichen Treue, mit welcher Verehrung und mit welchen Freudentränen er in allen Provinzen, die so sehr unter diesen Überschwemmungen von Fremden gelitten haben, empfangen werden würde! Welche Türen könnten vor ihm verschlossen bleiben? Welche Völker würden ihm den Gehorsam verweigern? Welche Eifersucht würde sich seinen Erfolgen entgegenstellen? Welcher Italiener würde ihn nicht mit seinem Respekt umgeben? Gibt es jemanden, dem die Herrschaft der Barbaren nicht das Herz aufgehen lässt?

Möge Ihr berühmtes Haus diese edle Last mit jenem Mut und jener Hoffnung auf Erfolg auf sich nehmen, die ein gerechtes und rechtmäßiges Unternehmen einflößt; möge das gemeinsame Vaterland unter seinem Banner seinen alten Glanz wiedererlangen und mögen sich unter seiner Schirmherrschaft die Verse Petrarcas endlich bewahrheiten!

"Virtù contra furore

Prenderà l'arme, e fia'l combatter corto;

Che l'antico valore

Negl'italici cor non è ancor morto".

Petrarca, Canz. XVI, V. 93-96

ENDE DES PRINZEN.

1. Siehe die Anmerkung am Ende von Prince.

2. Trotz dieser Zurückhaltung spricht Machiavelli sehr deutlich von Republiken, unter anderem in Kapitel V. Herr Artaud glaubt, dass diese Passage der Zensur unterworfen und daher verändert wurde, als die Medici den Druck des Buches erlaubten.

3. Machiavelli kommt immer wieder auf diesen Gedanken zurück und sagt im vierten Buch der Geschichte von Florenz: "Was die mächtigen Männer betrifft, so darf man sie entweder nicht berühren, oder wenn man sie berührt, muss man sie töten." Diese Maxime ist eine der am heftigsten angegriffenen.

4. Friedrich II. sagt in Kap. VI des Antimachiavellis über diese Stelle:

"Mir scheint, dass Machiavelli Moses ziemlich unbedacht in eine Reihe mit Romulus, Cyrus und Theseus stellt. Entweder war Moses inspiriert oder er war es nicht. Wenn er nicht inspiriert war, was man nicht annehmen darf, dann könnte man ihn nur als einen Betrüger betrachten, der sich Gottes bediente, ungefähr so, wie Dichter ihre Götter als Maschine benutzen, wenn ihnen die Auflösung fehlt. Moses war übrigens so ungeschickt im menschlichen Denken, dass er das jüdische Volk vierzig Jahre lang auf einem Weg führte, den sie bequem in sechs Wochen hätten zurücklegen können; er hatte nur wenig von der Aufklärung der Ägypter profitiert und war in diesem Sinne Romulus, Theseus und diesen Helden weit unterlegen. Der Führer der Juden war in diesem Sinne als Mensch dem Gründer des römischen Reiches, dem Monarchen der Perser und den Helden weit unterlegen, die durch ihre eigenen Werte und Kräfte größere Taten vollbrachten, als der andere mit Gottes unmittelbarem Beistand."

5. Col gesso, Wort von Alexander VI., das bedeutet, dass König Karl nichts weiter zu tun gehabt hatte, als einen Marschall, der die Unterkünfte an den Türen mit Kreide markieren würde.

6. Die Idee, die Söldnertruppen durch nationale Truppen zu ersetzen, wurde von Machiavelli in den Büchern I und II seiner Abhandlung über die Kunst des Krieges ausführlich dargelegt. Für die Beurteilung unseres Autors als Taktiker siehe Oberst Carion-Nisas: Essai sur l'histoire de l'art militaire, Paris, 1824, Kap. II, Machiavelli als militärischer Schriftsteller und Beobachter des Zustands Europas unter dem Gesichtspunkt

des Krieges am Ende des Mittelalters. Auch Graf Algarotti, ein Freund von Friedrich II, verfasste ein Werk über die Sieben Bücher der Kriegskunst.

7. Der Autor meint Ferdinand den Katholiken, König von Aragonien und Kastilien.